바느질 초보 엄마가 만드는
우리 아이 입학 준비물

작품 디자인 & 제작

Sayaka Akamine	http://akamine-sayaka.com/
emico	http://www.nico2time.jp/
Rie Ono	http://cotton-farm.peewee.jp/rie/index.html
Tomoko Chomaru	
Megumi Higo	
Chiaki Boshi	http://sa-rah.net
Yoko Matsuno	http://www5b.biglobe.ne.jp/~ange-s/

———

ICHIBAN YOKU WAKARU KANTAN KAWAII TSUEN TSUGAKU GOODS (NV70060)
Copyright ⓒ NIHON VOGUE-SHA 2010
All rights reserved.
First published in Japan in 2010 by Nihon Vogue Co., Ltd.
Photographer : Motokazu Kidani, Nobuo Suzuki, Martha Kawamura
Designers of the projects of this book : Sayaka Akamine, emico, Tomoko Chomaru, Megumi Higo, Chiaki Boshi, Yoko Matsuno, Rie Ono

This Korean edition is published by arrangement with Nihon Vogue Co., Ltd., Tokyo.
in care of Tuttle-Mori Agency, Inc., Tokyo through Tony International, Seoul.

이 책의 한국어판 저작권은 토니인터내셔널을 통한
Nihon Vogue Co., Ltd.와의 독점 계약으로 도서출판 이아소에 있습니다.
저작권법에 의해 한국 내에서 보호를 받는 저작물이므로 무단전재와 무단복제를 금합니다.

바느질 초보 엄마가 만드는
우리 아이 입학 준비물

일본 보그사 엮음 | 문수연 감수 | 이명희 옮김

바느질 초보 엄마가 만드는
우리 아이 입학 준비물

초판 1쇄 인쇄 2014년 1월 10일
초판 1쇄 발행 2014년 1월 15일

지은이 일본 보그사
감수 문수연
옮긴이 이명희
펴낸이 명혜정
펴낸곳 도서출판 이아소

북디자인 정계수

등록번호 제311-2004-00014호
등록일자 2004년 4월 22일
주소 121-841 서울시 마포구 서교동 487 대우미래사랑 1012호
전화 (02)337-0446 **팩스_** (02)337-0402

책값은 뒤표지에 있습니다.
ISBN 978-89-92131-78-0 13590

도서출판 이아소는 독자 여러분의 의견을 소중하게 생각합니다.
E-mail: iasobook@gmail.com

자녀의 유치원이나 초등학교 입학을 축하드립니다!
이 책에서는 유치원이나 학교에 다닐 때 필요한 모든 용품을
다양하게 변형하여 세련되게,
만드는 방법은 사진이나 일러스트로 알기 쉽게 소개하고 있습니다.
바느질 초보 어머니들을 응원합니다!
노력해서 멋진 용품을 많이 만들어주세요.

contents

시작하기 전에 체크해보자!
바느질의 기초

- **Step1** 천을 선택하자! …8
- **Step2** 도구와 재료를 갖추자! …10
- **Step3** 바느질하기 전에 미리 준비하자! …12
  - 천의 결, 물에 담그기, 표시, 재단 …12
  - 접착심 붙이는 법, 시침핀 꽂는 법 …13
- **Step4** 재봉틀로 바느질하자! …14
  - 실 상태, 바느질의 시작과 끝 …14
  - 모서리에서의 방향 전환, 바느질 요령 …15
  - 시접 마무리, 시접 처리 방법, 가방 입구나 밑단 처리 …16
  - 완성선을 그리지 않고 편하게 바느질하기 …17
- **Step5** 손바느질의 기본 …18
  - 매듭 만들기, 매듭 짓기, 세로 감침질, 감침질, 공구르기 …18
  - 아플리케하는 법 …19
  - 자수 준비하기 …20
  - 사이즈를 조절하는 방법 …21

다양하게 변형할 수 있는
작품 제안

🌱 입학 준비물 ● 기본 3종 세트
(손가방, 실내화 주머니, 옷가방)

P.22

P.23

🌱 입학 준비물 3종 세트
(변형 A)

P.24   P.25   P.32   P.33

🌱 입학 준비물 3종 세트
(변형 B)

P.34   P.35

🌱 입학 준비물 3종 세트
(변형 C)

P.36   P.37

🍎 런치 용품 ● 기본 4종 세트
(런치백, 도시락 주머니, 컵 주머니, 테이블 매트)

P.44   P.45

🍎 런치 용품 4종 세트
(변형 A)

P.46   P.47

🍎 런치 용품 4종 세트
(변형 B)

P.48   P.49

🐱 고리가 달린 이름표

P.56

🐱 티슈 & 손수건 케이스

P.58

★ 본지에 게재된 작품을 복제하여 판매(매대, 옥션 등)하는 일은 금지되어 있습니다. 수작업을 즐기는 차원으로만 이용해주세요.

바느질 초보자도 이해하기 쉽다!
사진 프로세스 레슨

Lesson1	손가방(P.22, 24)…**26**		**Lesson9**	컵 주머니(P.44, 45)…**54**
Lesson2	실내화 주머니(P.23, 25)…**30**		**Lesson10**	도시락 주머니(P.44, 45)…**55**
Lesson3	옷가방(P.23, 25)…**31**		**Lesson11**	멜로디언 케이스(P.62)…**64**
Lesson4	손가방(P.36, 37)…**38**		**Lesson12**	숄더백(P.63)…**66**
Lesson5	실내화 주머니(P.36, 37)…**42**		**Lesson13**	주머니형 배낭(P.68)…**70**
Lesson6	옷가방(P.36, 37)…**43**		**Lesson14**	머리 보호용 가방(P.69)…**72**
Lesson7	런치백(P.44, 45)…**50**		**Lesson15**	뚜껑 달린 가방(P.74)…**76**
Lesson8	테이블 매트(P.44, 45)…**53**		**Lesson16**	미술 가운(P.79)…**80**

※그외 작품의 도안법과 만드는 법…85~99

🎈 음악 시간 3종 세트, 알림장 커버, 숄더백

P.62　　　　　　　　　　P.63

🎈 주머니형 배낭　　머리 보호용 가방

P.68　　　　　　　　　　P.69

🎈 뚜껑 달린 손가방　　멜빵가방 커버

P.74　　　　　　　　　　P.75

🎈 앞치마 3종 세트　　미술 가운

P.78　　　　　　　　　　P.79

🎈 비치백 & 랩타월　　에코백 & 고양이 수납 케이스, 작은 배낭

P.82　　　　　　　　　　P.83

🎈 엄마를 위한 슬리퍼 & 가방

P.84

편리하고 도움이 되는 용품을 사용하자!

🍎 시침핀이 필요 없는 임시 고정 용품

P.52

🐱 원단용 마커로 이름 쓰기

P.60　　　　　　　　　　P.61

🎈 좋아하는 원단을 래미네이트 가공하자!

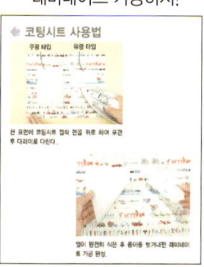

P.75

step 1
천을 선택하자!

가방이나 실내화 주머니, 책가방 등을 안감 없이 간단하게 바느질하려면 누빔 원단을 추천한다. 두꺼운 천이나 중간 정도 두께의 천에 얇은 천의 안감을 붙여 2겹으로 바느질하면 안쪽의 시접도 감춰지기 때문에 마무리가 깔끔할 뿐만 아니라 내

두꺼운 천 ~ 중간 정도의 천

누빔 원단
2장의 천 사이에 평평하게 솜을 넣어서 재봉틀의 스티치로 눌러, 천이 볼록하게 나온 두툼한 천. 리버시블(안팎 양면을 모두 쓸 수 있는 천)도 있다.

캔버스 천
두툼한 평직물의 천. 두께는 1~11호까지 표시된다. 유치원 가방에는 가장 얇은 천인 11호가 바느질하기가 수월해 추천할 만하다.

데님
두툼한 능직물의 천. 진보다 얇은 10온스 정도의 부드러운 데님을 추천한다. 천의 색이 빠지지 않는지 확인할 것!

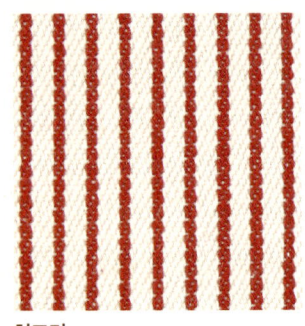

히코리
스트라이프 무늬의 데님의 총칭. 무늬가 있는 천에도 무늬가 없는 천에도 잘 어울리기 때문에 겉감 대용이나 안감으로도 적합!

← 손가방, 실내화 주머니, 런치백 (안감 없음) →

← 손가방, 실내화 주머니, 런치백, 머리 보호용 가방(안감 있음) →

← 주머니형 배낭, 멜로디언 케이스 → ← 주머니 (체육복 주머니) →

주머니 입구의 개폐가 다소 견고하게

방수용품에는 이것을!

래미네이트 천

발수 나일론 천

래미네이트 천은 표면에 투명한 필름이 코팅되어 있어 내구성이 뛰어난, 약간 두꺼운 천이다. 에코백이나 레인코트에 사용되는 발수 나일론 천은 두께도 다양하다. 천의 가장자리가 풀리지 않기 때문에 시접 처리를 할 필요가 없다.

구성도 뛰어나다. 가방의 겉감으로 사용할 천이 조금 얇은 것 같아 미덥지 않을 때는 접착심을 붙여 보강한다. 가방 모양을 잘 보존해줄 뿐만 아니라 세탁한 후 주름이 생기거나 크기가 줄어드는 것도 방지할 수 있다!

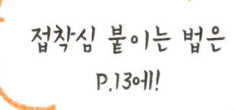
접착심 붙이는 법은 P.13에!

중간 정도의 천 ~ 보통 천

리넨(중간 두께)
튼튼하고 거칠거칠한 촉감의 마로 된 천. 두께는 다양하다. 흡수성과 건조성이 뛰어나고 세탁할수록 부드러워진다.

옥스포드
중간 두께의 평직물 천. 안감을 달아 가방을 만들거나 1장의 천으로 주머니형 가방을 만들 수 있다. 아이들이 좋아하는 프린트 직물이 다양하다.

보통 두께의 천 ~ 약간 얇은 천

시팅(광목의 한 종류)
평직물의 보통 천. 브로드 천보다 결이 엉성해 바느질하기도 좋고 감촉이 부드럽다. 무지인 것도 있고 프린트 직물도 있어 종류가 풍부하다.

브로드(면의 한 종류)
평직물의 보통 천. 시팅 천보다 결이 촘촘하며 감촉이 매끄럽다. 광택 느낌이 나는 셔츠 천으로 주로 사용된다.

←――――――――→ 앞치마, 미술 가운(덧옷), 가방의 안감 ←――――――――→

←――――――――→ ※접착심을 붙이면 가방의 겉감으로도 ←――――――――→

←―――――――――――― 주머니(체육복 주머니, 도시락 주머니, 컵 주머니) ――――――――――→

아플리케에는 이것을!

펠트

헝겊

자투리 조각 천으로 사용할 수 있는 펠트는 아플리케의 가장 좋은 소재. 헝겊은 일반 두께의 천~ 너무 얇지 않은 천을 사용하는 것이 좋다. 자주 세탁해야 하는 아이템에는 워셔블 펠트를 사용하거나, 아플리케 천을 추천한다. 어느 쪽이든 양면 접착 시트를 이용하여 재봉하면 튼튼하게 마무리할 수 있다(P.19, 27, 52 참고).

step 2
도구와 재료를 갖추자!

기본 용품

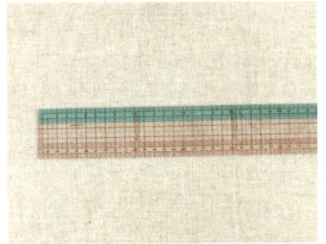

자
길이 50cm 정도로 투명하고 모눈 표시가 있는 자는 천에 표시를 하거나 시접 표시를 할 때 편리하게 사용할 수 있다.

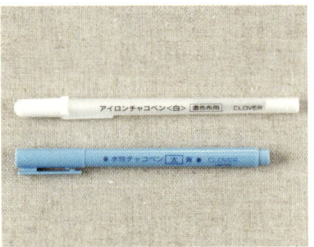

표시 도구(펜 타입)
천에 표시를 할 때 사용한다. 연필로도 대용할 수 있지만 수용성 펜을 사용할 것을 추천한다. 색이 짙은 천에는 흰색을 사용한다.

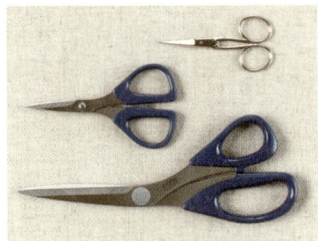

가위
맨 위쪽부터 실 자르기용, 아플리케용, 천 재단용. 용도에 맞춰 나눠 쓰면 수월하게 작업할 수 있다. 종이용 가위와 구별해서 사용하자.

시침핀, 바늘
시침핀은 천끼리 맞춰 임시 고정할 때 사용하며, 바늘은 창구멍을 메우거나 장식 단추를 고정할 때 사용한다.

25번 자수실, 자수바늘
자수 외에 아플리케를 바느질할 때도 사용한다. 자수실은 사용하는 개수에 맞춰 바늘 호수를 선택하는 것이 좋다.

재봉실, 재봉바늘
사용하는 천의 두께에 맞춰 실과 바늘 호수를 구분하여 사용한다. 보통 천에는 60번 재봉실, 11번 재봉바늘이 적합하다.

다리미
시접을 누르거나, 밑단에 접음선을 만들거나, 접착심을 붙일 때 사용한다. 다리미 대와 세트로 사용하는 것이 좋다.

재봉틀 북알(보빈)은 사용 기종에 맞춘 것을 사용할 것!

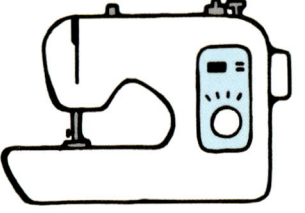

가정용 재봉틀
직선과 지그재그 되돌려박기를 할 수 있는 것이라면 어느 것이든 상관없다(P.80에서 단춧구멍 만들 때 사용).

있으면 편리한 도구

실뜯개(리퍼)
솔기를 풀거나, 단춧구멍을 만들 때 사용한다.

룰렛
수예용 복사지를 이용하여 종이의 완성선이나 표시 등을 천에 복사할 때 사용한다(P.17 참고).

고무줄 끼우개
끈이나 고무를 편하게 집어넣기 위한 도구. 없을 경우에는 안전핀으로도 대용할 수 있다.

송곳
표시를 하거나 천에 바늘땀을 낼 때, 주머니 모양의 모서리를 깔끔하게 만들 때 사용한다.

그 밖의 재료

D링
실내화 주머니의 입구를 고정시키기 위한 부품. 손잡이와 세트로 사용한다. P.34의 작품은 테이프로 대용.

벨트버클, 사각 링
숄더백의 어깨끈 길이를 자유자재로 조절하기 위한 부품.

코드락(스토퍼)
주머니의 입구를 조이는 끈을 고정하기 위한 부품.

장식 구슬
주머니 끝의 매듭에 씌워 사용하는 장식용 부품. 끈을 작은 구멍에 통과시켜 끝을 묶어준다.

> 끈 끝을 셀로(스카치)테이프로 두르면 쉽게 들어간다!

벨크로테이프
가방류의 입구나 뚜껑을 고정하는 데 사용. 열고 닫기가 간편해서 유치원 용품에 가장 적합하다.

웨이빙 끈
손잡이는 천으로도 만들 수 있지만 튼튼하게 만들어진 시판용 웨이빙 끈을 사용하면 색상도 다양하고 편리하다.

주머니용 끈
위에서부터 천으로 된 끈, 납작한 끈, 하단의 2개는 둥근 형태의 끈. 특히 아크릴 100% 제품이 튼튼하다.

리본·레이스·테이프
천이나 손잡이 위에 겹쳐 고정하거나, 고리나 태그에 사용하거나, 장식용으로 사용하면 더 효과적이다.

장식 단추
자수나 아플리케와 조화를 이루거나, 입구나 뚜껑 장식으로 사용하면 귀여우면서 포인트가 될 수 있다.

마무리를 깔끔하게 하는 도구

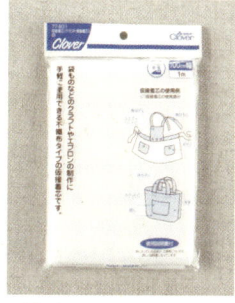

접착심
천 안쪽에 다리미로 접착하면 원단을 짱짱하게 해준다.

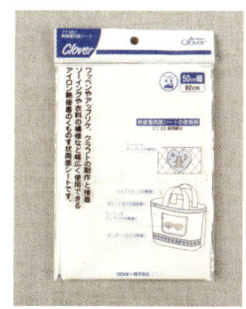

양면 접착 시트
아플리케를 임시 고정할 수 있는 시트(사용법은 P.19, 27, 52 참고).

아플리케나 자수 도안 복사에

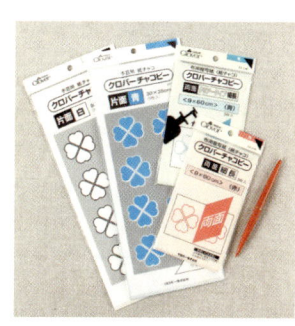

표시 도구(종이 타입)
수예용 복사지. 단면, 양면, 물에 닿으면 없어지는 타입 등 여러 가지가 있다. 전용 룰렛으로 도안을 복사한다(P.20 참고).

step 3
바느질하기 전에 미리 준비하자!

천의 결에 대해 알아두자

천의 결이란 직물의 올과 올 사이의 방향을 일컫는 것으로, 가장 늘이기 어려운 것이 '세로 방향(식서)', 그다음이 '가로 방향(푸서)'이다. 가장 잘 늘어나는 것은 결에 따라 45도 방향인 '바이어스'다. 재단 도면이나 종이본(패턴)에 표기되어 있는 결 표시에 천의 세로 방향(또는 가로 방향)을 맞추는 것이 기본이다.

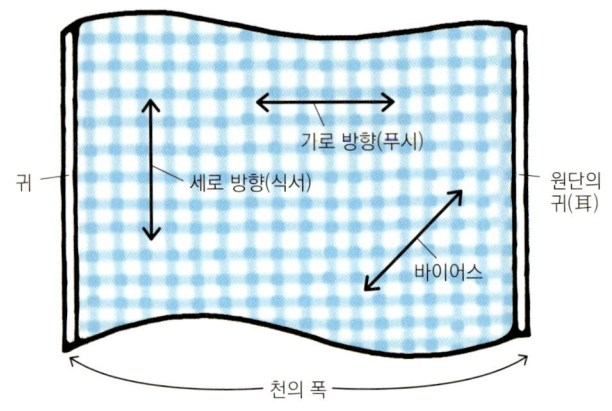

물에 담가둔다

면이나 마 등의 천은 세탁하면 줄어들 수 있기 때문에 재단을 하기 전에 '물에 담그는' 작업을 하여 사전에 수축시켜두는 것이 좋다.

1. 천을 몇 시간 동안 물에 완전히 담가둔다.

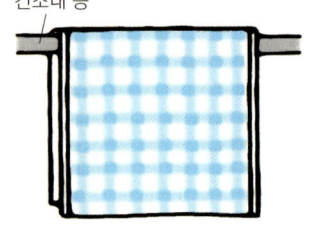

2. 세탁기에 넣어 가볍게 탈수한 후 주름을 펴서 약간 덜 마를 정도가 될 때까지 그늘에 널어둔다.

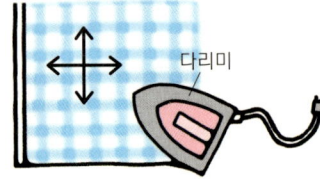

3. 천의 결을 정돈하면서 다리미로 다려준다.

표시와 재단

완성선을 그리지 않고 재봉하는 '편리한 바느질' 방법은 P.17 참고.

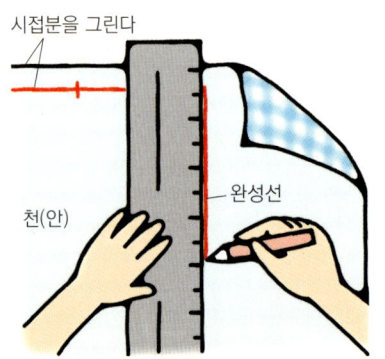

표시
재단 방법 그림을 참고하여 천(안쪽)에 완성선을 그리고, 필요한 시접분을 그린다.

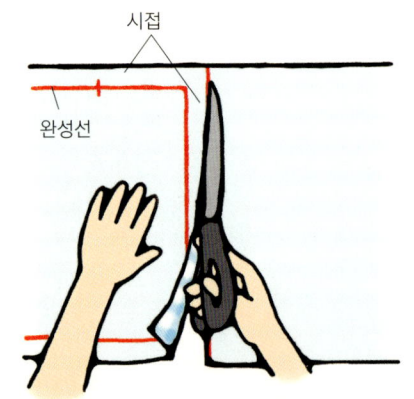

재단
가위 날은 천 위에 수직으로 놓고 천을 너무 들어올리지 않도록 주의하면서 자른다.

접착심을 붙인다

※필요한 경우만

천의 안쪽에 접착심의 접착면을 맞춰놓고, 다리미로 미끄러지지 않도록 주의하면서 약 10초 정도씩 누르듯이 빈틈없이 다려준다. 열이 남아 있으면 떨어지기 쉬우므로 식을 때까지 평평한 곳에 놓아두는 것이 좋다.

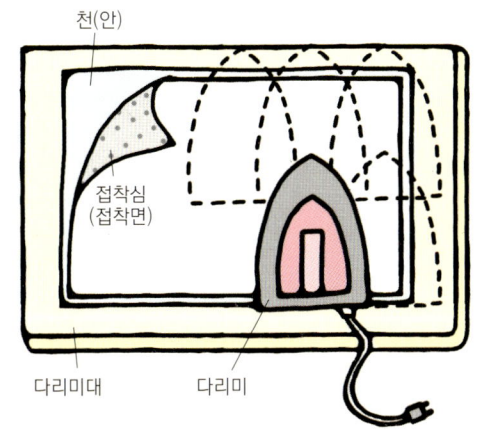

시침핀을 꽂아둔다

바느질하고 싶은 곳의 표시와 표시를 맞춰 양끝 → 중심 → 그 사이…의 순으로 시침핀을 꽂아둔다(천은 겉끼리 맞대어 바느질하는 경우가 많다).

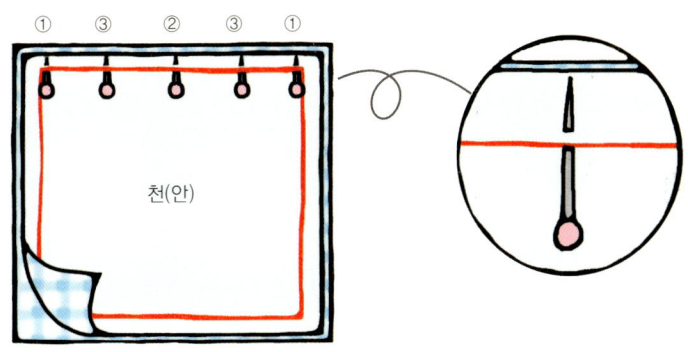

천 맞추는 법·자르는 법

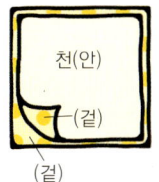
겉끼리 맞대기
천의 겉면끼리 맞추는 것

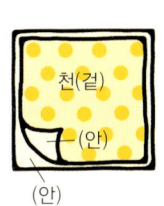
안끼리 맞대기
천의 안면끼리 맞추는 것

골선
천을 2겹으로 접었을 때 생긴 선(접은 선)

천은 조금만 떠서 고정하는 것이 어긋나지 않는다!

step 4
재봉틀로 바느질하자!

꼭 시도해보자

실 상태는 괜찮은가?

※윗실 조절 다이얼은 숫자를 작게 하면 장력이 약해지고, 크게 하면 강해진다.

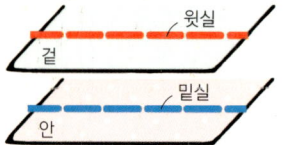

올바른 실 조절
윗실과 밑실이 정확한 간격으로 움직이는 상태

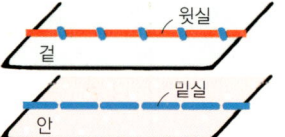

윗실이 강하다
겉에서 밑실이 보이는 상태. 윗실을 약하게 한다.

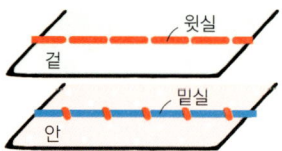

윗실이 약하다
안에서 윗실이 보이는 상태. 윗실을 강하게 한다.

바느질의 시작과 끝은 되돌려박기

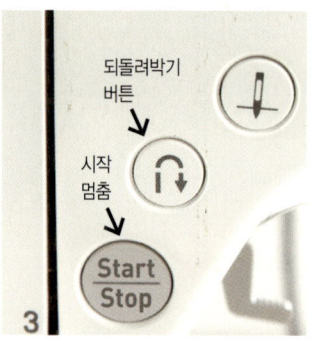

되돌려박기 버튼(또는 레버)을 누르는 동안 역방향으로 바느질한다.
※재봉틀에 따라 되돌려박기 버튼이나 레버의 위치 및 상태는 다르다.

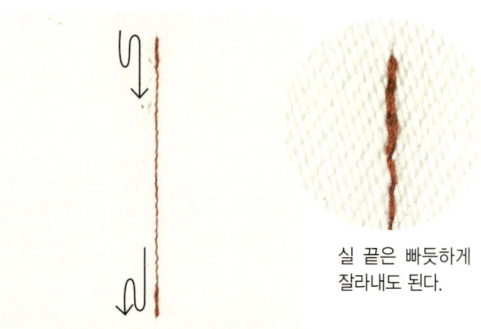

바느질의 시작과 끝은 3~4바늘 되돌려박기를 해준다.

실 끝은 빠듯하게 잘라내도 된다.

바느질의 시작 포인트

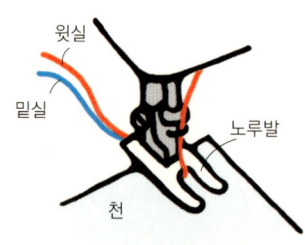

바느질의 시작은 바늘과 노루발을 내려 윗실과 밑실 끝을 노루발 밑에서부터 안쪽으로 준비해둔다.

바느질을 시작할 때 바늘이 나가지 않는다면

두꺼운 천을 바느질할 때 바늘이 나가지 않는다면 노루발 안쪽에 같은 두께의 천이나 종이를 끼워 노루발을 가능한 한 수평으로 맞춰준다.

> 직선 박기의 솔기 길이는 일반적인 천이라면 2.5mm 정도로 맞춘다!

방향 전환은 바늘을 꽂은 채로

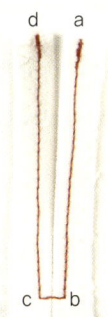  

주머니의 트임 입구를 박을 때에는 b와 c에서 바늘을 꽂은 채 방향을 바꿔주고, a에서 d까지 계속해서 박는다.

먼저 a에서 박기 시작하여, b에서 바늘을 꽂은 채 바느질을 멈춘다.

바늘을 꽂은 채 노루발을 올려 천의 방향을 바꿔준 다음 계속 박는다.

바느질 요령

똑바로 바느질하는 요령
바늘 끝이 아니라 완성선(또는 천 끝)과 노루발의 위치를 보면서 박는다.

곡선 바느질 요령
여러 번 바느질을 멈추면서 가끔씩 바늘을 꽂은 채 노루발을 올려 천의 각도를 바꾸면서 천천히 바느질해간다.

시접이 겹치는 부분을 바느질할 때
시침핀으로 시접을 고정해놓고 천천히 바느질한다. 바늘이 잘 나가지 않을 때는 풀리를 자기 앞으로 돌리면서 한 땀씩 바느질한다.

원형 모양을 바느질할 경우

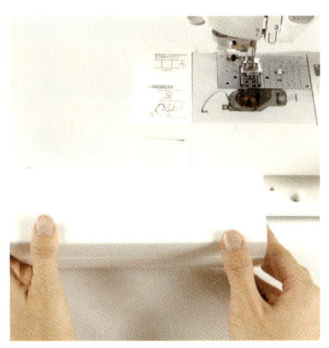 

재봉틀의 보조 테이블을 풀어 프리암형으로 만든다.

프리암에 원형 모양의 천을 집어넣고 눈에 잘 띄지 않는 옆쪽부터 바느질을 해나간다.

시접 마무리

천 끝이 잘 풀리지 않도록 반드시 확인을 해가면서 지그재그 박기를 한다.

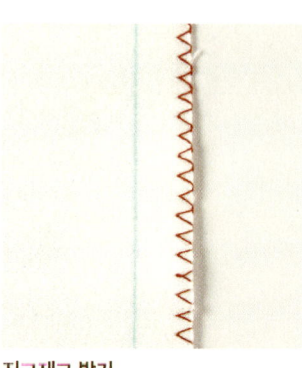

지그재그 박기
지그재그 박기의 눈금을 진폭 3.5~4.0mm로, 솔기의 길이를 2.0~3.0mm 정도로 맞춘다.

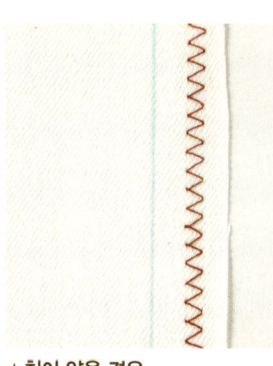

★천이 얇을 경우
천 끝이 잘 말려서 바느질이 잘되지 않을 경우에는 조금 안쪽으로 지그재그 박기를 한다.

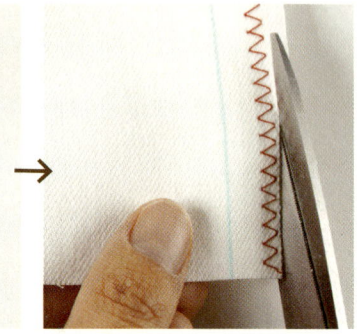

천 끝의 여분은 잘라낸다. 지그재그 박기를 한 실이 잘리지 않도록 주의한다.

시접 처리 방법

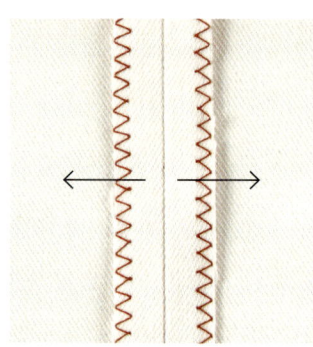

시접 가르기
시접을 화살표 방향으로 갈라서 다리미질을 한다.

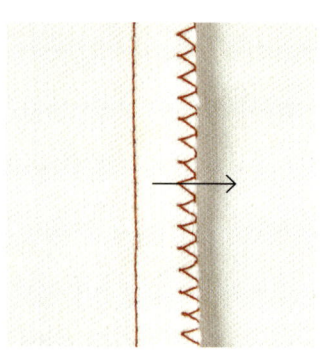

시접 한쪽으로 넘기기
시접 2장을 한꺼번에 어느 한쪽 방향으로 넘겨서 다리미질을 한다.

가방 입구나 밑단 처리

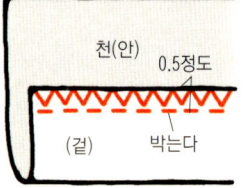

2겹 접어박기
지그재기 박기에서 처리한 끝단을 1번 접어서 박는다.

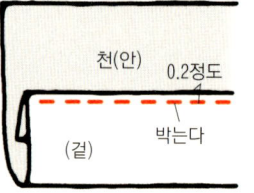

3겹 말아박기
천 끝을 2번 접어서 박는다. 시접을 지그재그로 박을 필요가 없다.

접힌 부분에 다리미를 대놓고 시침핀으로 고정한 후 박는다

차분하게 다리미질을 하는 것이 깔끔하게 마무리할 수 있는 포인트!

완성선을 그리지 않고 편하게 바느질하기

완성선을 그리지 않아도 재봉틀 받침의 눈금에 천 끝을 맞춰 바느질하면 일정한 시접 폭으로 바느질할 수 있다. 표시는 필요한 곳에만 하면 된다.

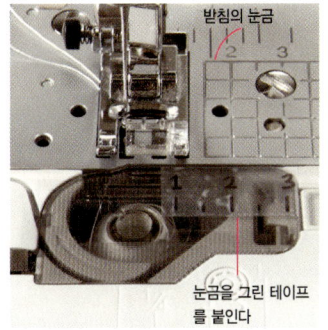

먼저 눈금을 확인

재봉틀 받침에 눈금이 없을 경우에는 테이프 등으로 눈금을 그려 붙인다. 바늘 위치에서부터 1cm에서 0.5cm 간격으로 3cm 정도까지 그려두면 편리하다. 완성선을 그리지 않아도 재봉틀 받침의 눈금에 천 끝을 맞춰서 박으면 시접 폭을 일정하게 유지하면서 바느질할 수 있다.

바느질의 포인트

천 끝을 눈금에 맞춰서 바느질한다. 몇 번의 시험 바느질을 시도하여 시접의 폭을 측정하고, 눈금 선상이 좋은지, 선 안쪽이 좋은지 등 미묘하게 다른 위치 관계를 확인해본다.

이럴 때의 표시 ① 《가방이나 실내화 주머니의 경우》

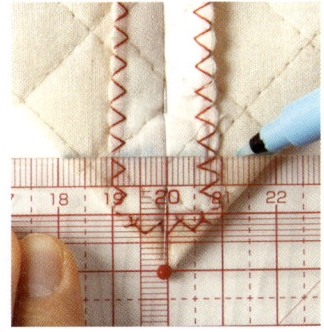 

양옆을 바느질한 후 바닥을 표시한다.   가방 입구의 시접을 접을 때

이럴 때의 표시 ② 《주머니의 경우》

양옆을 바느질하기 전에 트임 끝 위치에 표시를 한다.

이럴 때의 표시 ③ 《미술 가운의 경우》

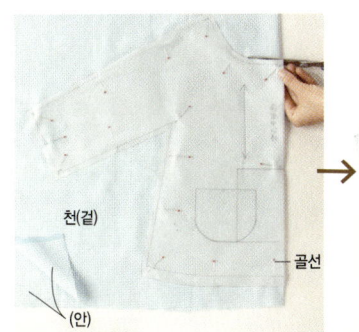 → 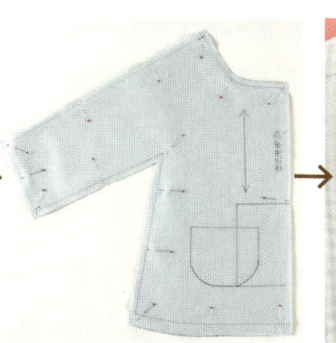 →  →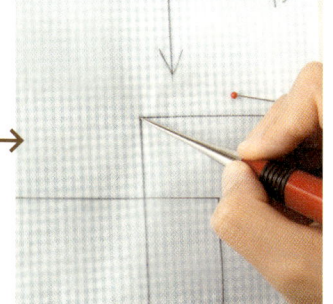

천을 안끼리 맞춰 접고, 종이본의 골선 라인을 천의 접은 선에 맞추고, 시접이 포함된 종이본과 천을 시침핀으로 고정한 다음 천을 재단한다.

재단한 부분.

종이본을 붙인 상태에서 수예용 복사지를 천 사이에 끼워 룰렛으로 표시를 한다. 직선은 앞의 내용을 참고하여 표시를 하지 않고 바느질한다.

주머니를 붙일 위치는 송곳으로 구멍 낸 곳에 수용성 초크펜으로 점을 찍어 표시를 한다.

step 5
손바느질의 기본

매듭 만들기

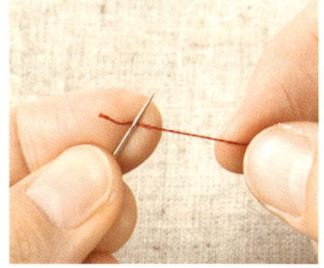 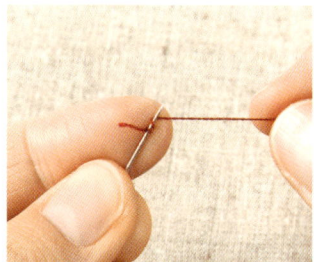 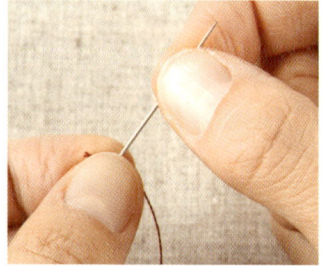 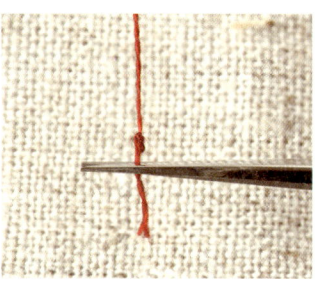

1. 왼손 검지와 바늘 끝 사이에 실 끝을 끼운 후 실을 잡는다.

2. 그대로 실을 2~3회 바늘에 감아준다.

3. 실을 감은 부분을 손끝으로 꽉 누르고 오른손으로 바늘을 당긴다.

4. 매듭이 생겼다. 남은 여분의 실은 가위로 잘라낸다.

매듭 짓기

 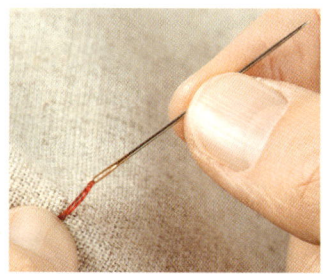 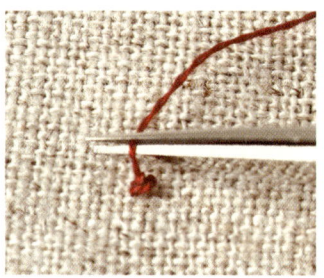

1. 바느질이 끝난 실의 밑동에 바늘을 바싹 대고, 바늘 끝에 2~3회 실을 감아준다.

2. 실을 감은 부분과 밑동이 어긋나지 않도록 꽉 누른 후 바늘을 잡아 뺀다.

3. 마무리 매듭이 생겼다. 남은 실은 잘라준다.

세로 감침질 (아플리케에)

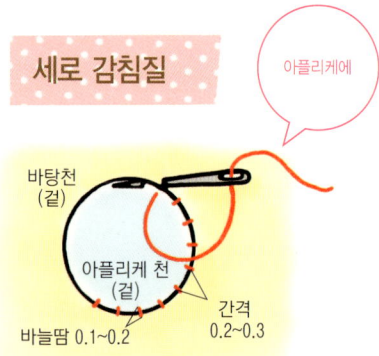

아플리케 천에서 바늘을 빼내 바로 위의 바탕천에 바늘을 비스듬히 꽂아 바탕천과 아플리케 천을 함께 떠서 바느질한다.

감침질 (창구멍을 간단히 마무리한다)

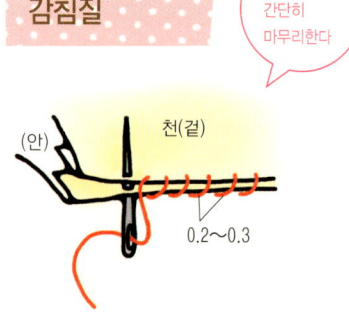

천을 끝 부분끼리 맞춰서 바늘을 수직으로 꽂아 천 끝을 떠준다. 솔기는 비스듬해진다.

공구르기 (창구멍을 깔끔하게 마무리한다)

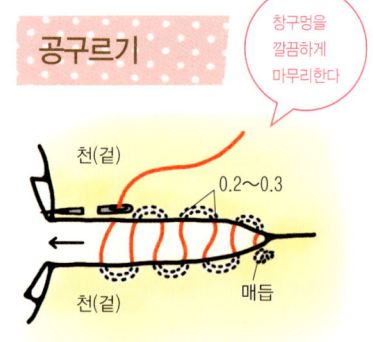

시접의 바깥쪽 금을 번갈아 가면서 뜨면서 바깥으로 솔기가 보이지 않도록 잘 맞춰서 바느질한다.

펠트에도
양면 접착 시트를 붙이면,
튼튼하고 깔끔하게 완성된다!

펠트와 같은 색 실인
25번 자수실 2개 사용

바늘땀 0.1

간격 0.2~0.3

아플리케 방법

※ 지그재그 박기로 아플리케를 하는 방법은 P.27

1 종이본을 만든다

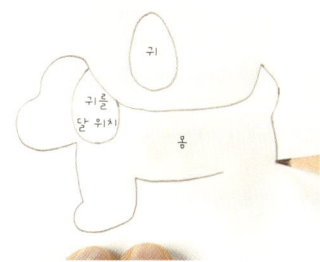

1. 책의 맨 끝에 있는 실물 크기의 종이본 위에 복사지 정도 두께의 종이를 겹쳐 도안을 그린다.

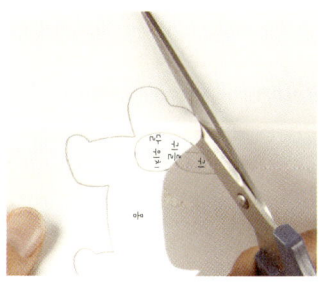

2. 문구용 가위로 선을 따라 오린다.

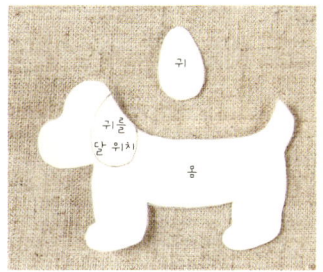

3. 강아지의 몸통과 귀의 종이본이 생겼다.

2 아플리케 천을 자른다

1. 펠트에 양면 접착 시트의 접착면을 대고 다리미로 접착시킨다.

2. 종이본을 뒤집어서 윤곽을 그린다.

3. 천 전용 가위로 오려낸다.

4. 아플리케 천으로 만든 강아지가 완성.

3 아플리케 천을 바느질한다

1. 양면 접착 시트의 종이 부분을 떼어낸다.

2. 아플리케를 달고 싶은 위치에 대고 다리미로 다려준다. 양면 접착 시트를 사용하지 않을 경우에는 시침핀으로 고정시키면 된다.

3. 세로 감침질(P.18 참고)로 마무리한다.

아플리케도 요롷게 귀엽다!
바늘땀의 길이는 취향대로

바늘땀 0.2

간격 0.2~0.3

눈에 띄는
1가지 색으로
세로 감침질

말풍선: 바느질의 시작과 끝은 실을 매듭짓는 일과 마무리 매듭을 잘하면 OK! P.18을 참고

자수 준비하기

※ 이 책에서 사용한 스티치 자수법은 P.59 참고

● 25번 자수실 다루는 법

25번 자수실은 6개의 가는 실이 느슨하게 하나로 꼬아져 있기 때문에 원하는 대로 선택하여 사용한다.

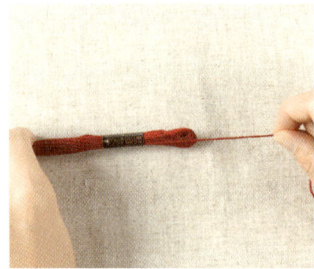

1. 라벨이 빠지지 않도록 눌러주면서 실 끝을 당겨 사용하기 편한 길이(약 50cm)로 자른다.

2. 가는 실 6개가 다발로 되어 있으니 1개씩 잡아 빼낸다. 6개를 다 사용하는 경우에도 1개씩 빼내서 실을 정돈한다.

3. 사용하고 싶은 실의 개수만큼 정돈했다면 실 준비는 완료.

● 자수실 꿰는 법

실 꿰기 전용 도구(슬렌더)가 있으면 편리하다.

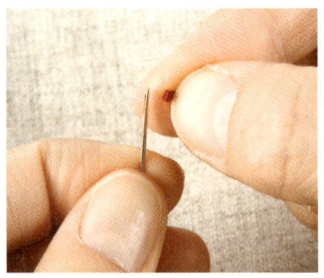
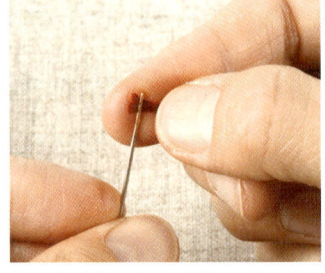

1. 실 끝을 2겹으로 접어 고리 부분에 바늘귀를 걸쳐놓는다.

2. 접힌 실의 끝 부분을 손가락 끝으로 잡아 눌러준 후 바늘을 빼낸다.

3. 눌린 상태의 실 끝 부분을 그대로 바늘구멍에 넣는다.

● 도안 그리는 법

P.19의 1-1과 마찬가지로 도안을 복사한 종이를 준비하고(세세한 도안은 트레이싱페이퍼를 이용하는 것이 좋다), 단면 타입의 수예용 복사지를 사용하여 천이나 펠트에 그린다. 수용성 타입을 사용하는 것이 좋다.

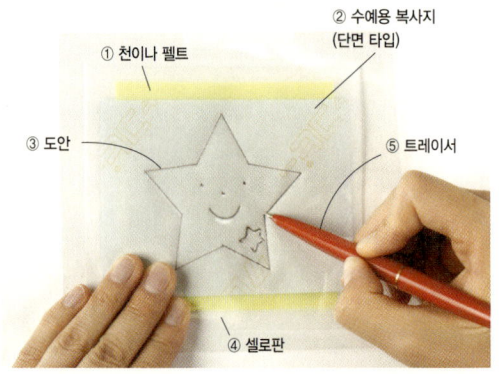

① 천이나 펠트
② 수예용 복사지 (단면 타입)
③ 도안
④ 셀로판
⑤ 트레이서

밑에서부터 ①~④의 순서로 트레이서(또는 볼펜)로 복사한다.

도안 그리기가 끝났다.

사이즈를 조절하는 방법

기본적으로 주머니의 경우도 사이즈를 조절하는 방법은 마찬가지다. 바닥을 접어 올려 만든 컵 주머니의 경우는 가로 길이…바닥이 없는 타입, 세로 길이…바닥이 있는 타입의 방법으로 사이즈를 변경할 수 있다. 원하는 사이즈로 만들어보자!

● **바닥이 없는 타입의 경우**

완성 사이즈…세로■×가로★cm

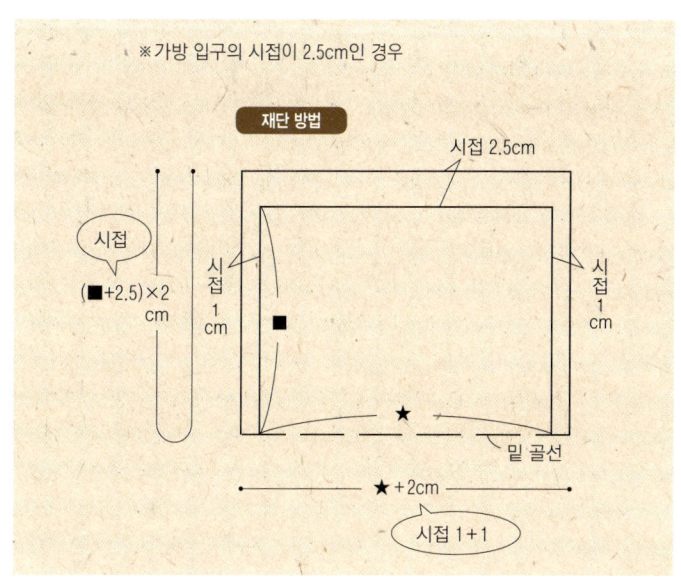

● **바닥이 있는 타입의 경우**

완성 사이즈…세로△×가로◎×바닥(☆+☆)cm

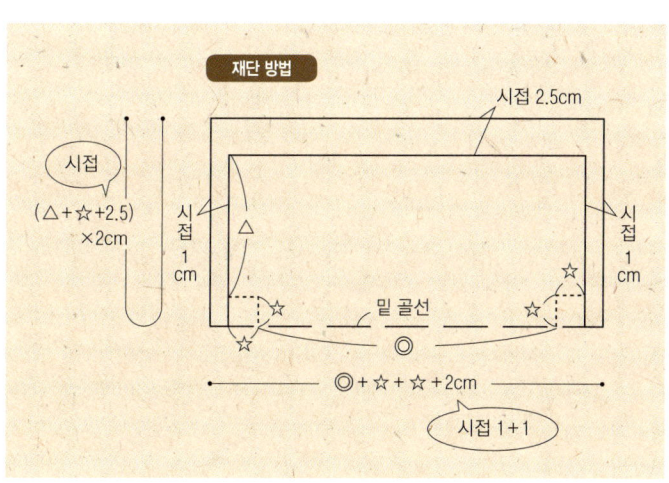

설레고
두근거리는

유치원이나 학교 갈 때 필요한 3종 세트

손가방, 실내화 주머니, 옷가방은
유치원이나 학교생활의 필수품이다.
먼저, 바느질 초보 엄마들에게 추천할 만한,
안감이 없고 만들기가 수월한 순으로
남녀 각각 4가지 타입의
다양한 작품을 소개하겠다.

01

병아리와 꽃 3종 세트

손가방과 실내화 주머니는 누빔 원단, 옷가방은 안감 없이 목면의 일반적인 천을 사용한, 가장 간단한 3종 세트다. 아플리케는 양면 접착 시트로 처리한 후 주변을 지그재그 박기로 눌러놓아서 몇 번을 세탁해도 걱정 없도록 튼튼하게 완성했다.

디자인 ■ 초마루 도모코 만드는 법 ■ P.26~31

안감이 없어 간단하다!
기본 세트 **여자아이용**

기본 세트 **남자아이용**

안감이 없어 간단하다!

04

바다놀이 3종 세트

이것 역시 22, 23쪽과 마찬가지로 안감 없이 만드는 가장 간단한 3종 세트다.
아플리케는 남은 천 조각을 이용하여 만들었다. 예쁜 무늬 배합을 즐길 수 있다.
게는 노란색, 황록색, 파란색 계열의 동색을 선택하면 비교적 정리하기가 쉽다!

디자인 ■초마루 도모코 **만드는 법** ■P.26~31

Lesson 1

*레슨에서는 구별하기 쉬운 색의 재봉실을 사용하고 있다.

손가방

★아플리케 실물 크기 도안…P.29

재료

작품 1·4 공통 1점 분량
겉감…누빔 원단 70×50cm
손잡이…폭 2.5cm 웨이빙 끈 64cm(작품 4는 폭 2cm)
60번 재봉실
지름 1.5cm 단추 2개(작품 4는 지름 1.1cm)
천 조각 적당량
양면 접착 시트 적당량
25번 자수실 적당량

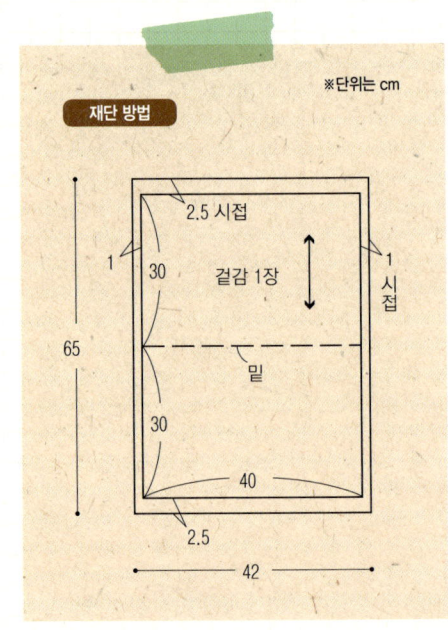

1. 천을 재단하고, 아플리케 도안을 그린다

1. 재단 방법 그림대로 시접을 포함한 치수로 겉감을 1장 재단하고, 주변을 지그재그 박기로 처리한다.

2. 겉감 위에 수예용 복사지, 실물 크기 도안을 복사한 종이, 셀로판을 숫자 순으로 겹쳐 트레서로 그려준다.

3. 아플리케와 자수 도안이 그려졌다.

2 아플리케 천을 자른다

1. 실물 크기 도안의 병아리 몸과 날개를 각각 복사지 등에 그려놓는다.

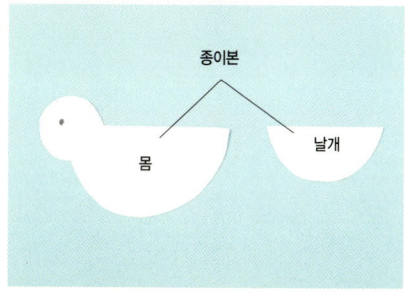

2. 선을 따라 오려내어 병아리의 몸과 날개 종이본을 만든다.

3. 아플리케 천 안쪽에 양면 접착 시트의 접착면을 대고 다리미질을 하여 붙여준다.

4. 3의 안쪽에 종이본을 뒤집어놓고 윤곽을 그려준다. 날개도 같은 방법으로 만든다.

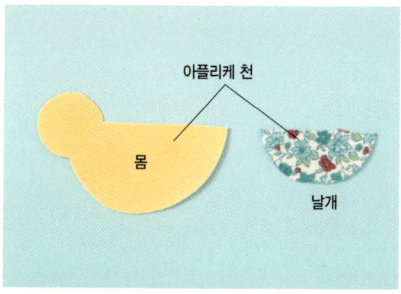

5. 4를 선을 따라 오린다(시접 미포함).

6. 벗길 부분을 떼어낸다. 아플리케 천 안쪽에 접착성이 있는 상태다.

3 아플리케를 한다

1. 아플리케 천을 겉감의 표시대로 올려 다리미로 임시 고정시킨다.

2. 지그재그 박기로 날개와 몸을 달아준다.

> **Point**
>
> 곡선 부분은 특히 천천히 조금씩 각도를 바꾸면서 박는다. 지그재그 박기의 눈금은 진폭 2.5mm, 솔기의 길이를 1mm 정도에 맞춰 여러 번 시도해보면서 바늘땀을 조정한 후 시작하는 것이 좋다.

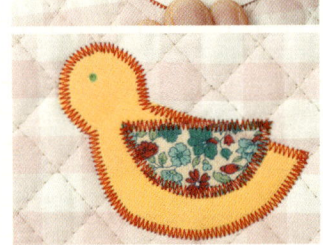

3. 2-2에서 만든 종이본을 이용하여 송곳으로 눈 위치에 구멍을 낸다.

4. 초크펜 등으로 눈에 표시를 해둔다.

5. 아플리케 천에 눈 표시가 생겼다.

6. 자수를 놓는다(자수실의 색과 개수는 실물 크기 도안을 참고).

4 옆선을 박는다

1. 밑을 골선으로 하여 겉끼리 맞대어 2겹으로 접어 옆선을 박는다. 바느질의 시작과 끝은 되돌려박기를 한다.

2. 시접을 다리미로 가른다.

5 손잡이를 달아준다

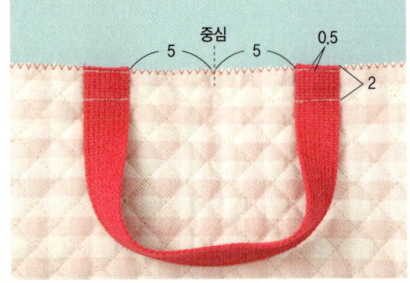

겉으로 뒤집어 손잡이 32cm(시접 포함)를 2개 준비하여 끝에서부터 0.5cm와 2cm 지점을 박아 임시 고정을 한다.

6 가방 입구를 박는다

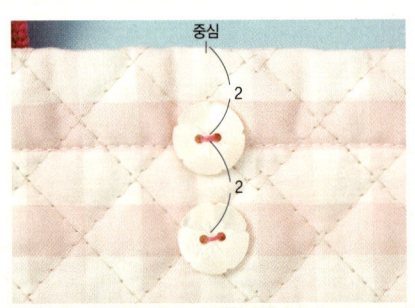

1. 가방 입구의 시접을 다리미로 2.5cm 접어 끝에서부터 2cm 지점을 박는다.

2. 마지막으로 장식 단추를 자수실로 달아준다.

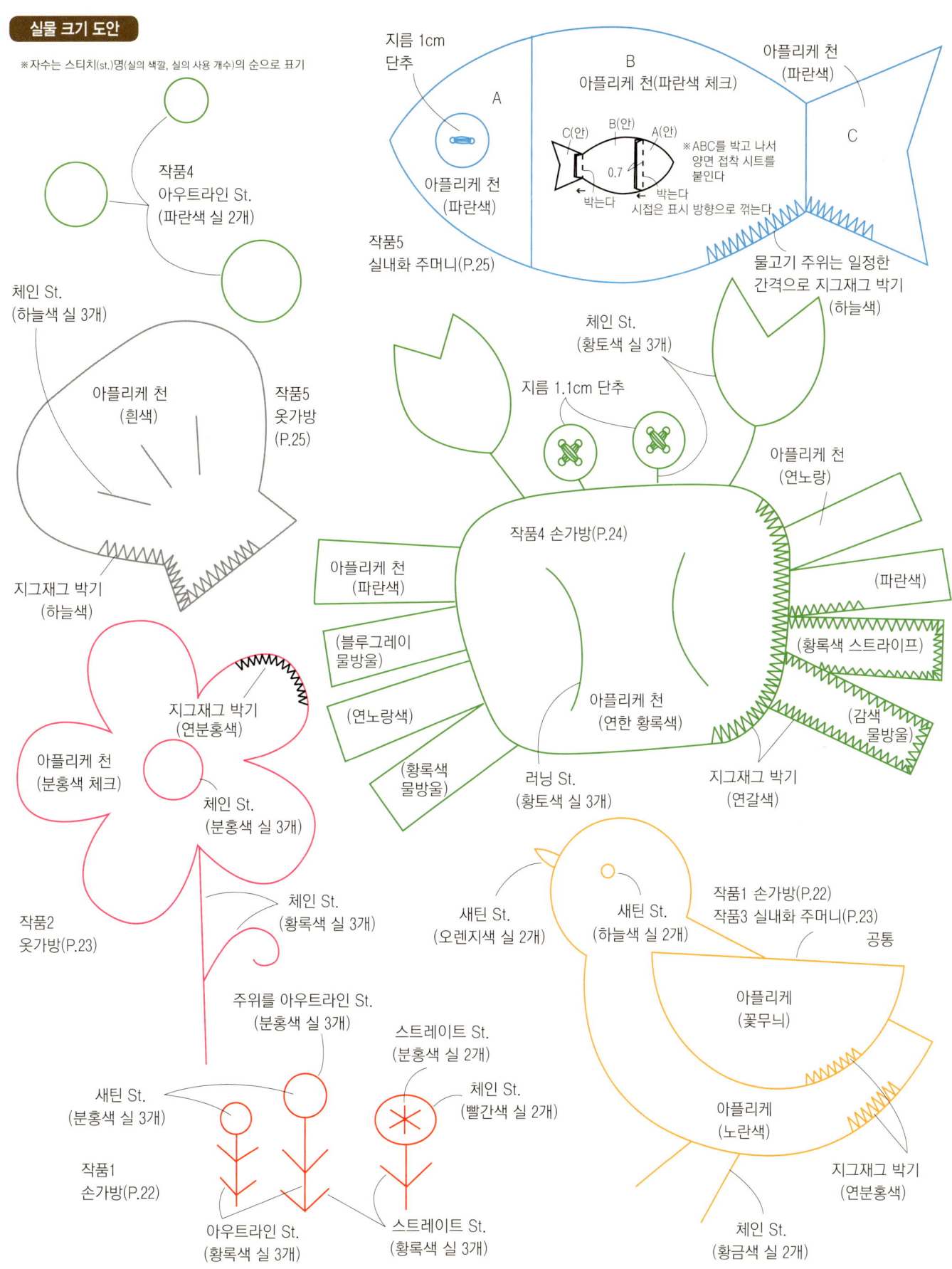

Lesson 2

실내화 주머니

★아플리케 실물 크기 도안…P.29

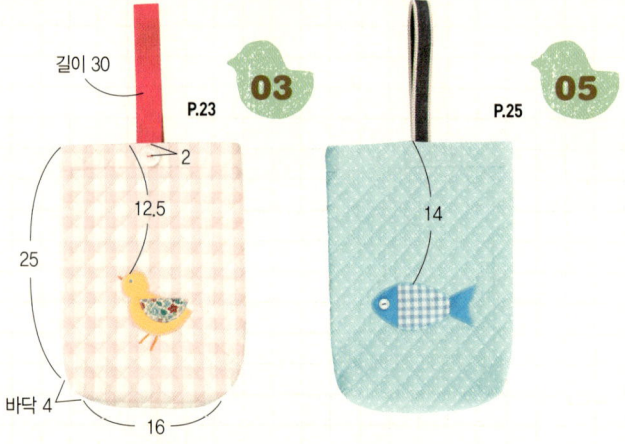

재료
작품 3, 5 공통 1점 분량

겉감…누빔 원단 65×25cm
손잡이…폭 2.5cm 웨이빙 끈 35cm
(작품 5는 폭 2cm)
60번 재봉실
지름 2cm 단추 1개(작품 5는 지름 1cm)
벨크로테이프…폭 2.5cm×4cm
천 적당량 양면 접착 시트 적당량
25번 자수실 적당량

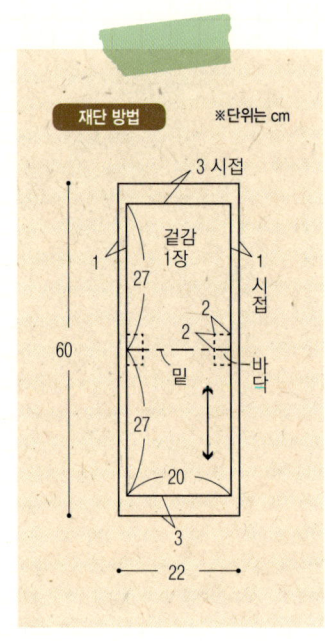

1 천을 재단한다

겉감을 재단하고 주위를 지그재그 박기로 처리한 후 아플리케를 한다(P.27 참고).

2 옆선을 박는다

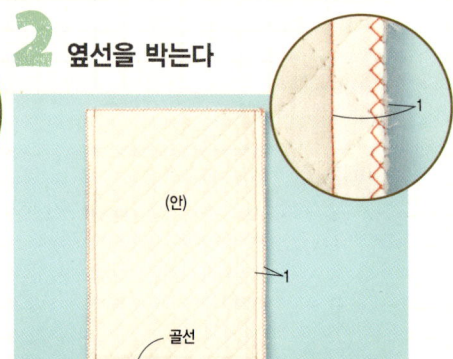

밑을 골선으로 하여 겉끼리 맞대어 2겹으로 접어 양옆을 박는다. 바느질의 시작과 끝은 되돌려박기로 처리한다.

3 바닥을 박는다

시접을 다리미로 가르고, 옆 솔기와 밑 선을 맞춰 각을 잡아 바닥을 박는다.

4 손잡이와 벨크로테이프를 단다

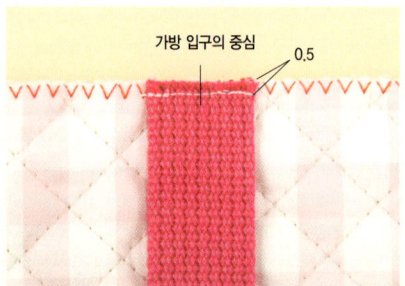
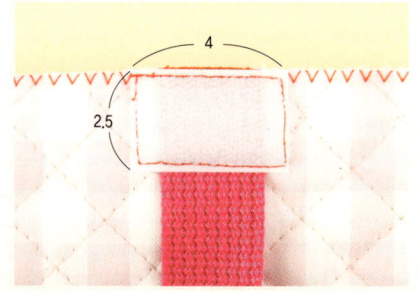

1. 겉으로 뒤집어 주머니 입구 중심에 35cm 손잡이의 양끝을 재봉틀로 박아 임시 고정한다.

2. 벨크로테이프를 겹쳐 주위를 재봉틀로 박는다.

5 가방 입구를 박는다

가방 입구의 시접을 3cm 접어 끝에서부터 2.5cm 지점을 재봉틀로 박는다. 마지막으로 장식 단추를 달아 고정시킨다.

Lesson 3

옷가방

★아플리케 실물 크기 도안…P.29

P.25 06

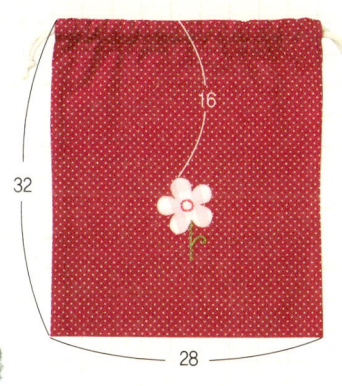
P.23 02
32
16
28

재료

작품 2, 6 공통 1점 분량
겉감…목면 프린트 75×35cm
둥근 끈…두께 0.5cm×160cm
60번 재봉실
천 적당량
양면 접착 시트 적당량
25번 자수실 적당량

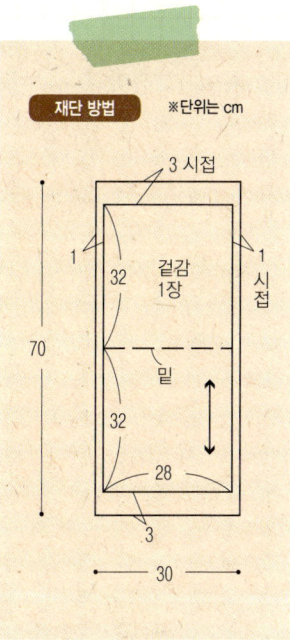

재단 방법 ※단위는 cm

3 시접
1 / 1 시접
32 겉감 1장
70 밑
32
28
3
30

---

1 천을 재단한다

겉감을 재단하여 주위를 지그재그 박기로 처리한다.

2 아플리케를 한다

1. 양면 접착 시트를 이용하여 아플리케 천을 겉감에 임시 고정하여 지그재그로 박는다.

2. 자수를 놓는다(자수실의 색과 개수는 실물 크기 도안을 참고).

3 옆선을 박는다

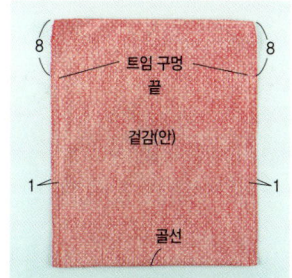

8 / 트임 구멍 끝 / 8
겉감(안)
1 / 1
골선

밑을 골선으로 하여 겉끼리 맞대어 2겹으로 접어 트임 구멍을 남기고 양옆을 박는다.

4 트임 구멍을 박는다

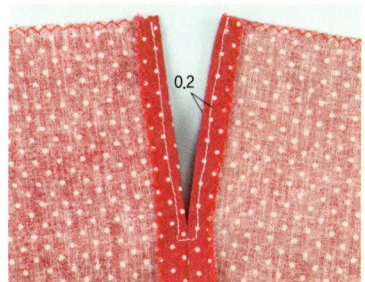

0.2

시접을 다리미로 가르고, 트임 구멍 끝에서부터 0.2cm 지점을 박는다.

5 가방 입구를 박는다

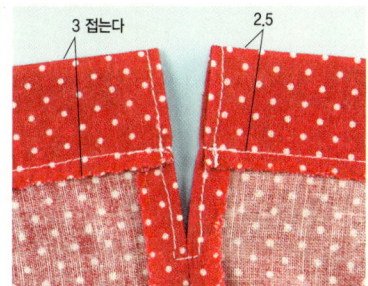

3 접는다 / 2.5

가방 입구의 시접을 다리미로 3cm 접고, 끝에서부터 2.5cm 지점을 박는다.

6 끈을 넣는다

80cm

길이 80cm의 둥근 끈 2개를 양쪽에서 겹치게 통과시켜 끝을 묶는다.

변형 A

닥스훈트와 푸들 3종 세트

만드는 법은 기본 세트와 거의 같다. 누빔 원단 위에 옷가방에 사용한 프린트 원단을 겹쳐 박는 것만으로 밑 부분도 튼튼하게 마무리할 수 있다. 좋아하는 강아지를 모티프로 하여 아플리케한 것이 포인트다.

디자인 히고 메구미 만드는 법 P.26~31 참고 재료·도안 P.88

딸기와 자동차 3종 세트

여러 종류의 천을 이어 겉감을 만드는 타입은 아플리케를 어려워하는 분에게 추천한다. 프린트 원단을 메인으로 선택했다면, 조연쯤 되는 무지나 스트라이프를 조합해본다. 레이스나 리본, 단추 등을 이용해도 훌륭하게 악센트를 줄 수 있다. 가방이나 실내화 주머니는 안감이 있어 얄팍한 겉감을 보강해주고 마무리도 깔끔하다.

디자인 ■오노 리에 만드는 법 ■P.38~43 참고 재료·도안 ■P.89

변형 C

갈매기와 꽃 3종 세트

두껍고 튼튼한 캔버스 천의 빨간색, 흰색, 감색을 겉감으로 사용하여, 손잡이나 안감에 스트라이프 원단을 효과적으로 조합한 3종 세트. 남자아이용은 갈매기를 아플리케하여 마린 보이처럼, 여자아이용은 꽃 모티프를 장식하여 귀엽게 완성했다.

디자인 ■아카미네 사야카 만드는 법 ■P.38~43

Lesson 4

손가방 (속가방 포함)

P.37 **24**

★아플리케 실물 크기 도안…부록 A면

※레슨에서는 구별하기 쉬운 색의 재봉실을 사용하고 있다.

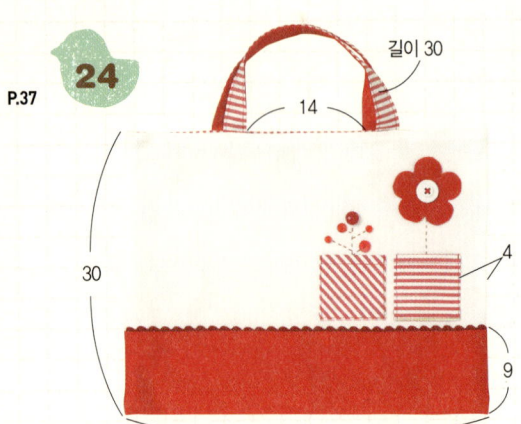

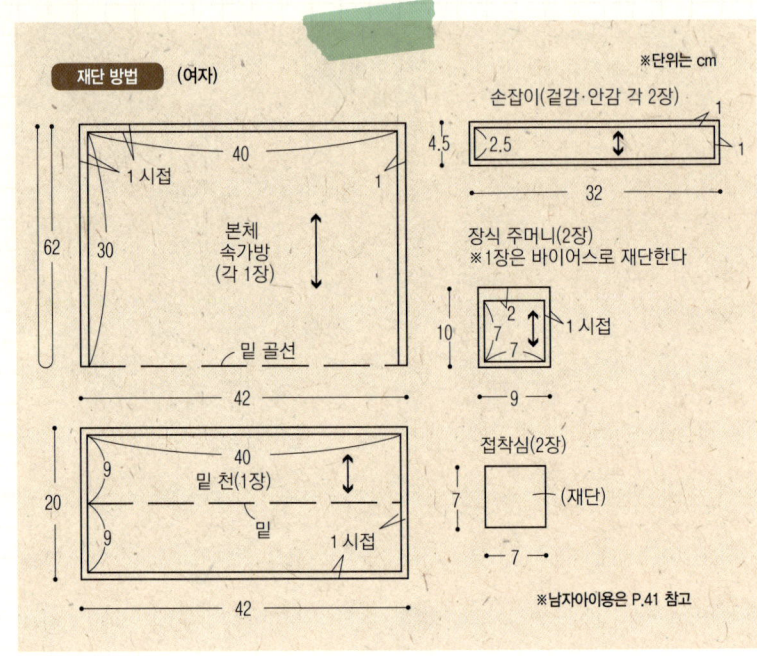

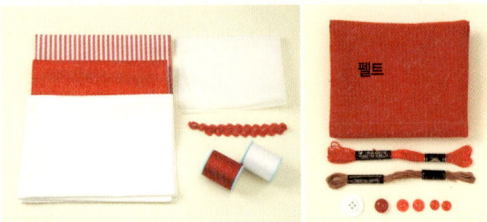

재료

본체…흰색 캔버스 천 70×50cm
밑 천(손잡이 안감 포함)…빨간색 캔버스 천 20×80cm
속가방(손잡이 겉감, 장식 주머니를 포함)…
빨간색, 흰색 스트라이프 80×50cm
물결무늬 테이프…폭 1cm×45cm
얇은 접착심…10×15cm
60번 재봉실
펠트…빨간색 10×10cm
지름 2.3cm 흰색 단추 1개
지름 0.7~1.4cm 빨간색 단추 합계 5개
25번 자수실 빨간색, 연갈색 각 적당량

1 천을 재단한다

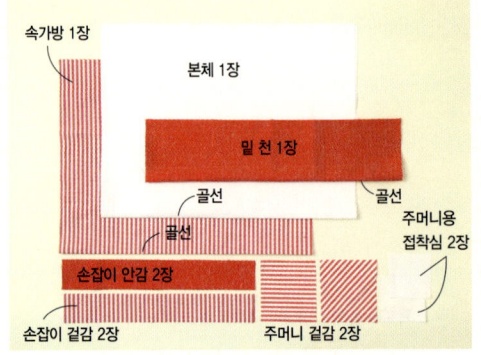

2 손잡이를 만든다

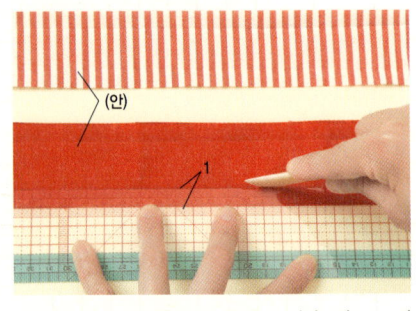

1. 손잡이 천의 시접을 접기 쉽도록 끝에서부터 1cm 지점에 뼈인두로 표시를 해둔다.

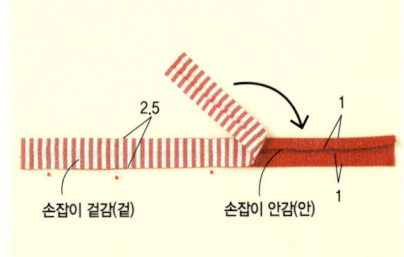

2. 손잡이의 겉감과 안감의 시접을 다리미로 다리고 안 끼리 맞춰 시침핀으로 고정한다.

3. 끝에서부터 0.2cm 지점에 재봉질을 하여 겉감과 안 감을 잘 맞춰준다.

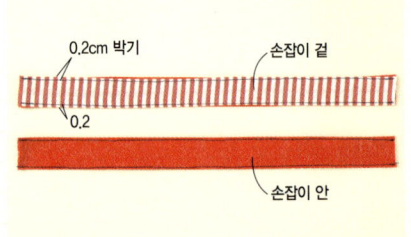

4. 같은 방법으로 손잡이 2개를 만든다.

3 본체에 밑 천을 박는다

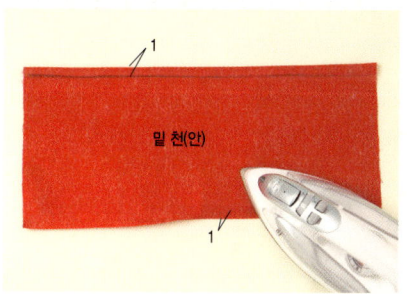

1. 밑 천 위아래 시접을 1cm씩 접는다.

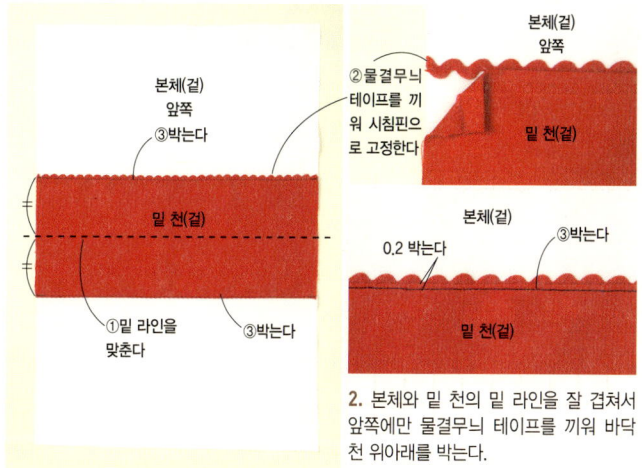

2. 본체와 밑 천의 밑 라인을 잘 겹쳐서 앞쪽에만 물결무늬 테이프를 끼워 바닥 천 위아래를 박는다.

4 장식 주머니를 만들어 본체에 단다

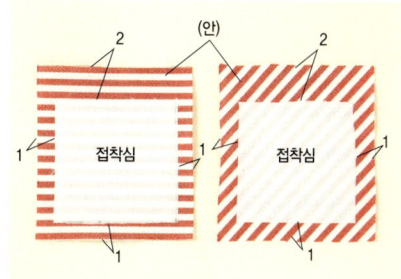

1. 주머니 천 안쪽에 접착심을 붙인다.

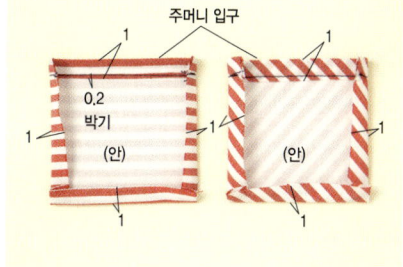

2. 주머니 입구의 시접을 2번 접어 박기(세겹말아박기)를 하고 양옆과 밑의 시접을 다리미로 눌러준다.

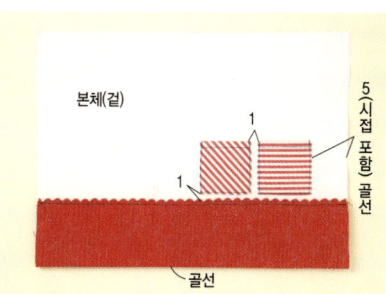

3. 본체 앞쪽에 주머니를 달아준다.

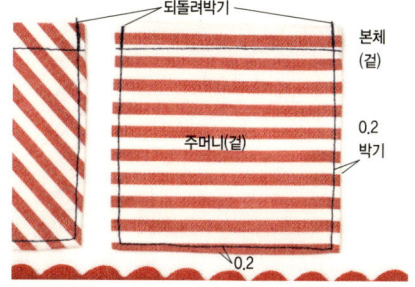

4. 바느질의 시작과 끝은 되돌려박기로 처리한다.

5 자수나 단추로 장식을 한다

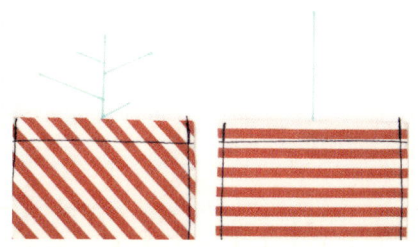

1. 꽃의 줄기 라인을 실물 크기 도안을 참고하면서 자를 사용하여 초크펜으로 그린다.

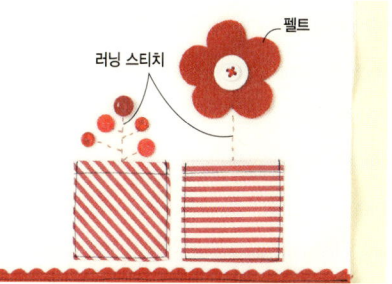

2. 자수를 하고 나서 단추를 달아준다. 펠트는 꽃 모양으로 오려서 단추와 함께 중심 부위만 고정하여 달아준다.

6 본체에 손잡이를 단다

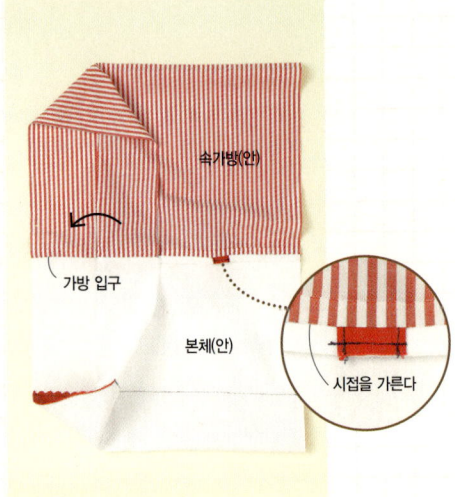

손잡이와 본체를 겉끼리 맞대어 끝에서부터 0.5cm 지점을 박는다.

7 본체에 속가방을 포개어 가방 입구를 박는다

8 가방 입구끼리 맞춰서 접는 법을 바꾼다

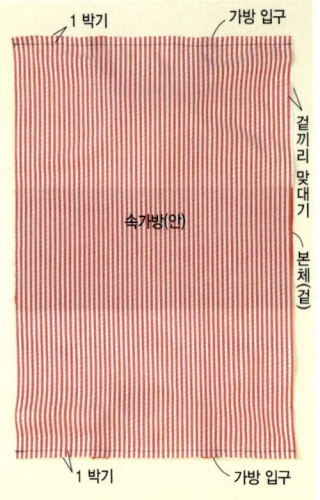

9 창구멍을 남기고 옆선을 박는다

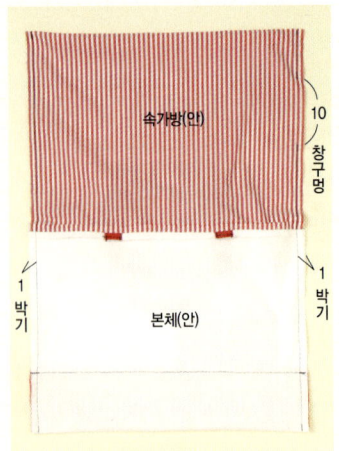

양옆을 박은 후 다리미로 시접을 가른다.

10 창구멍을 이용하여 겉으로 뒤집어준다

11 창구멍을 감침질로 막아준다
(P.18 참고)

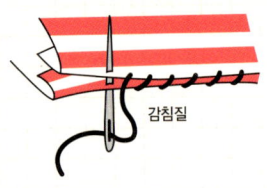

12 속가방을 안쪽으로 넣어 가방 입구 주위를 박는다

※작업 전에 다리미로 모양을 정리해둔다.

펠트 아플리케 하는 법

① 책 끝의 실물 크기 종이본 위에 복사지 등을 올려 연필로 라인을 그린다.

② 선을 따라 가위로 오려내어 종이본을 만든다.

③ 펠트 위에 종이본을 올려 도안을 그린다.

남자아이용 포인트 레슨

P.36

※만드는 법은 P.38~43 lesson 4~6을 참고
★아플리케 실물 크기 도안…부록 A면

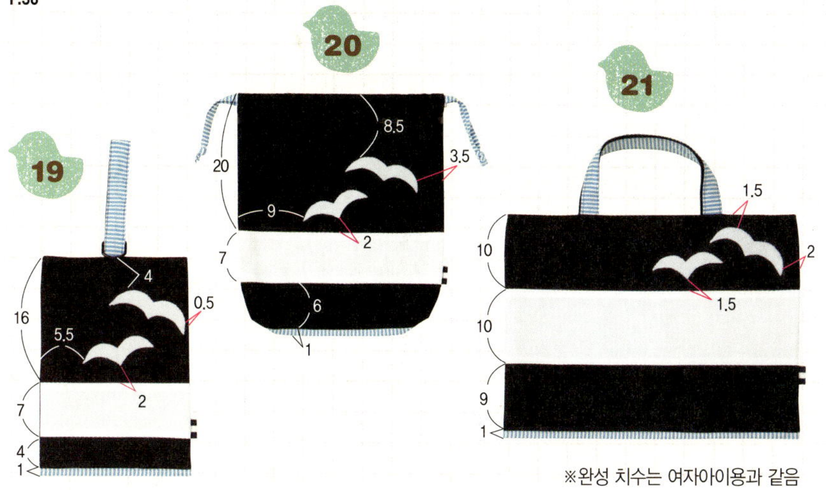

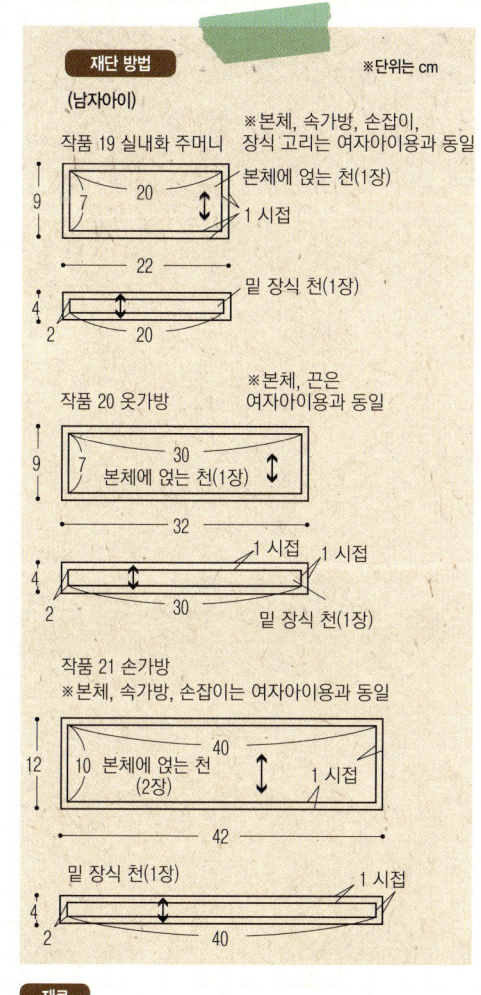

재단 방법 ※단위는 cm

(남자아이)

작품 19 실내화 주머니
※본체, 속가방, 손잡이, 장식 고리는 여자아이용과 동일
본체에 얹는 천(1장)
밑 장식 천(1장)

작품 20 옷가방
※본체, 끈은 여자아이용과 동일
본체에 얹는 천(1장)
밑 장식 천(1장)

작품 21 손가방
※본체, 속가방, 손잡이는 여자아이용과 동일
본체에 얹는 천(2장)
밑 장식 천(1장)

★남자아이용은 1~4를 이용하여 본체를 만들고 여자아이용과 같은 방법으로 만든다.

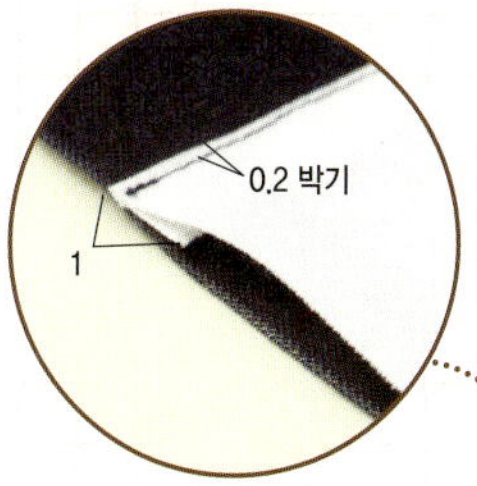

1. 본체에 얹는 천을 여자아이용 밑 천처럼 박는다.

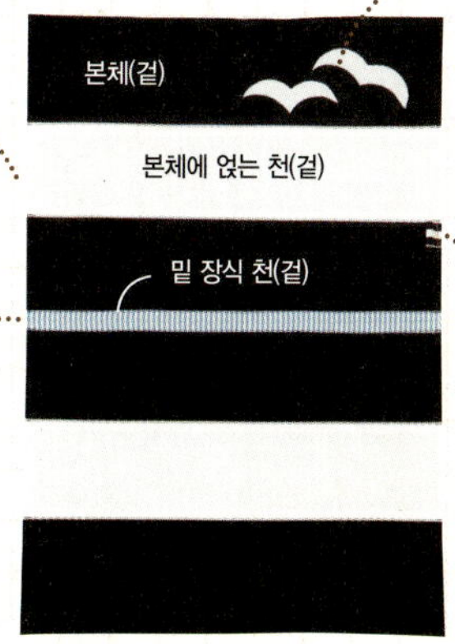

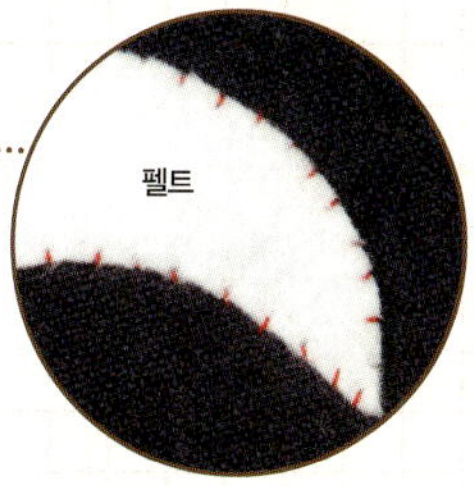

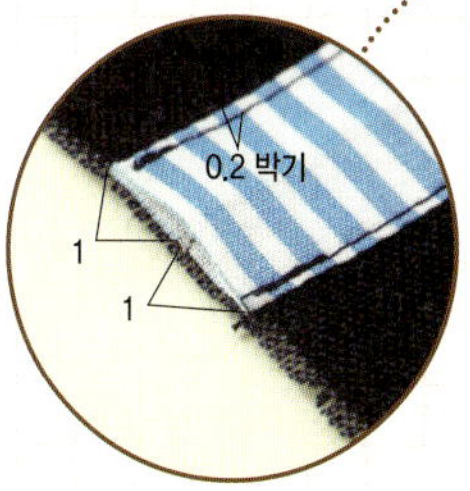

2. 밑 장식 천을 1과 마찬가지로 박는다.

3. 펠트를 아플리케한다.

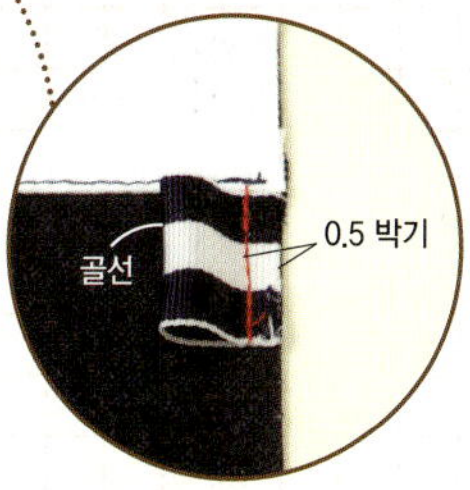

4. 리본을 임시 고정한다.

※작품 19~21 모두 뒤쪽 아플리케 없음
※작품 19, 20은 뒤쪽의 본체에 얹는 천 없음

재료

작품 19 본체(손잡이 안감 포함)…감색 캔버스 천 65×35cm, 본체에 얹는 천…흰색 캔버스 천 15×25cm, 밑 장식 천(손잡이 겉감, 속가방 포함)…파란색, 흰색 스트라이프 70×35cm, D링…안쪽 지름 2.5cm짜리 1개
작품 20 본체…80×40cm, 본체에 얹는 천…15×35cm, 밑 장식 천(끈용 천 포함)…20×95cm
작품 21 본체(손잡이 안감 포함)…70×50cm, 본체에 얹는 천…30×50cm, 밑 장식 천(손잡이 겉감, 속가방 포함)…80×50cm
공통 펠트…흰색 15×15cm, 리본…폭 2.5cm×4cm

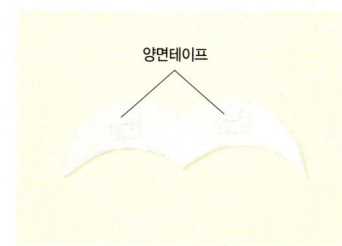

④ 펠트를 선을 따라 오려내어 뒤에 양면테이프를 붙인다.

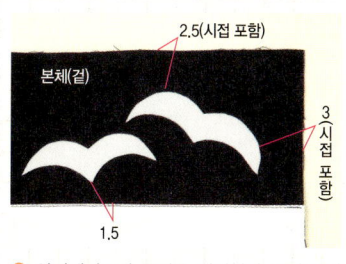

⑤ 양면테이프의 종이를 벗겨내어 본체(겉)에 임시 고정한다(양면테이프 대신 시침핀도 가능).

⑥ 세로 감침질로 아플리케한다. 바늘은 사진과 같이 비스듬히 꽂아 본체와 펠트를 함께 뜬다(P.18 참고).

Lesson 5

실내화 주머니 (속가방 부착)

★아플리케 실물 크기 도안…부록 A면

22 P.37

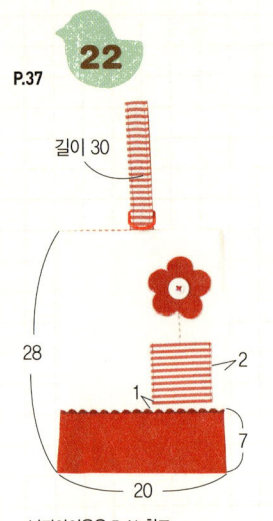

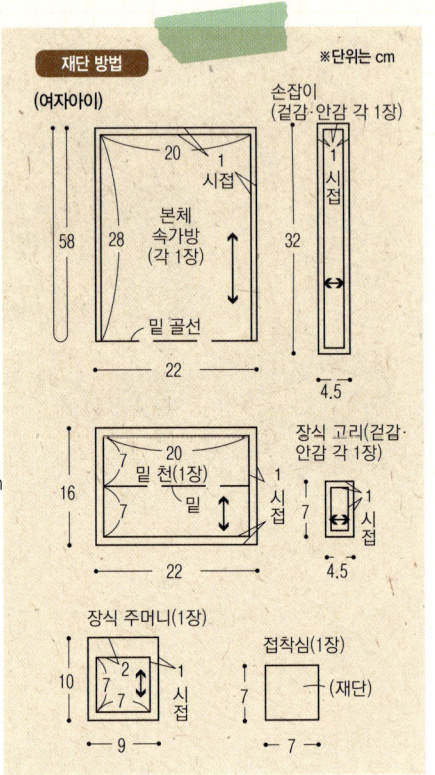

재단 방법
※단위는 cm
(여자아이)

재료
- 본체…흰색 캔버스 천 60×30cm
- 밑 천(손잡이 안감, 장식 고리 안감 포함)…빨간색 캔버스 천 25×35cm
- 속가방(손잡이 겉감, 장식 고리 겉감, 장식 주머니 포함)…빨간색, 흰색 스트라이프 70×40cm
- 물결무늬 테이프…폭 1cm×25cm
- D링…안쪽 지름 2.5cm짜리 1개
- 얇은 접착심…10×10cm
- 60번 재봉실
- 펠트…빨간색 10×10cm
- 지름 2.3cm 흰색 단추 1개
- 25번 자수실 빨간색, 연갈색 각 적당량

※남자아이용은 P.41 참고

1 천을 재단한다
※그 밖에 주머니 겉감 1장, 주머니용 접착심 1장을 재단한다.

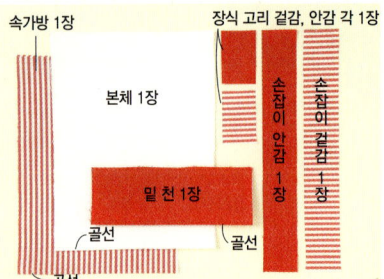

2 손잡이와 장식 고리를 만든다
(P.38-2 참고)

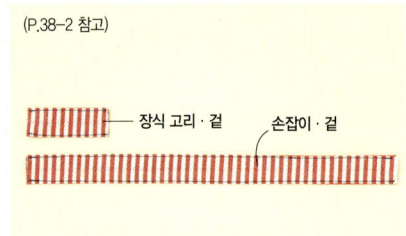

3 본체에 손잡이와 장식 고리를 임시 고정한다

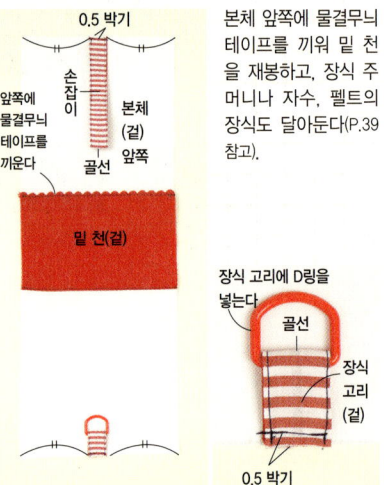

본체 앞쪽에 물결무늬 테이프를 끼워 밑 천을 재봉하고, 장식 주머니나 자수, 펠트의 장식도 달아둔다(P.39 참고).

4 본체에 속가방을 포개어 가방 입구를 박는다

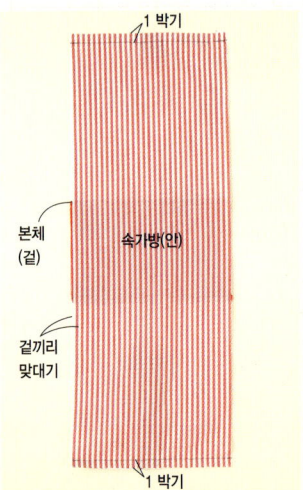

5 창구멍을 남기고 옆선을 박는다
(P.40-8~11 참고)

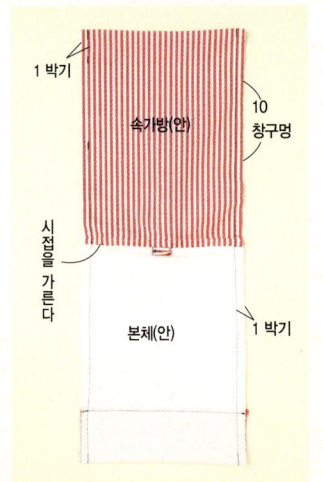

옆선을 박은 후 다리미로 시접을 가르고, 창구멍을 이용하여 겉으로 뒤집어 입구를 막는다.

6 속가방을 안쪽에 넣고 가방 입구 주위를 박는다
(P.40-12 참고)

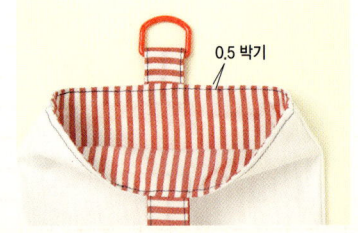

Lesson 6

옷가방 (바닥 포함)

★아플리케 실물 크기 도안…부록 A면

P.37

재료

본체…흰색 캔버스 천 80×40cm
밑 천…빨간색 캔버스 천 25×40cm
끈용 천, 장식 주머니 천…빨간색, 흰색 스트라이프 25×95cm
물결무늬 테이프…폭 1cm×35cm
얇은 접착심…10×15cm
60번 재봉실
펠트…빨간색 10×10cm
지름 2.3cm 흰색 단추 1개
지름 0.7~1.4cm 빨간색 단추 합계 5개
25번 자수실 빨간색, 연갈색 각 적당량

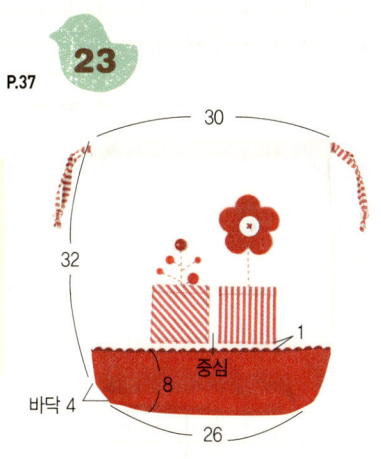

※남자아이용은 P.41 참고

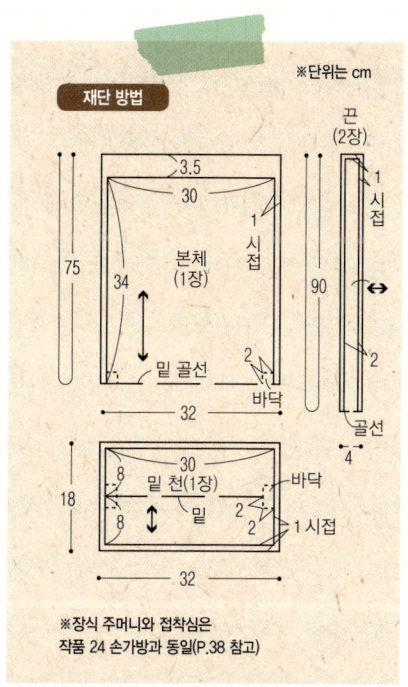

※장식 주머니와 접착심은 작품 24 손가방과 동일(P.38 참고)

1 천을 재단한다

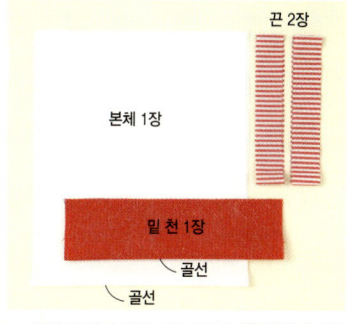

그 밖에 주머니 겉감 2장, 주머니용 접착심 2장을 재단한다.

2 천 끝 처리를 한다

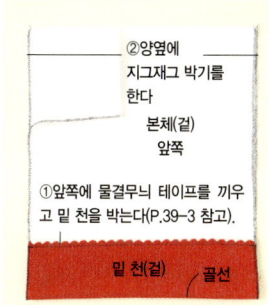

장식 주머니나 자수, 펠트의 장식도 달아둔다(P.39-4, 5 참고).

3 트임 구멍을 남기고 옆선을 박는다

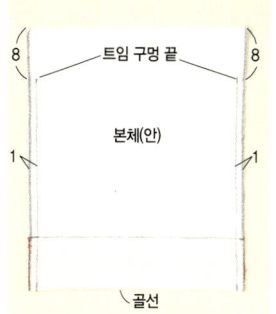

P.30-2 참고

4 트임 구멍을 박는다

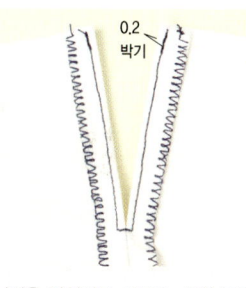

시접을 다리미로 가르고, 트임 구멍 끝에서부터 0.2cm 지점을 박는다.

5 끈을 박는다

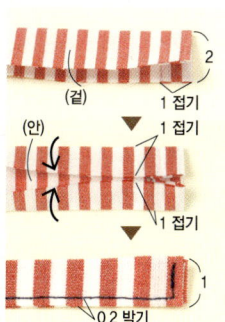

6 가방 입구를 세겹말아박기한다

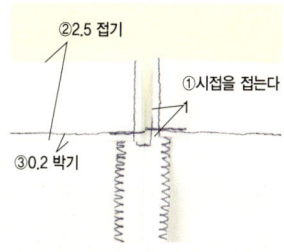

다리미로 시접을 접어 모양을 정돈하고 나서 박는다.

7 바닥을 박는다

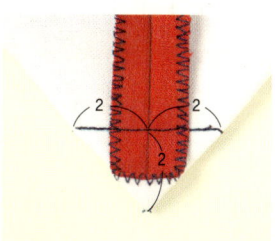

P.30-3 참고

8 겉으로 뒤집어 좌우로 끈을 통과시켜 매듭을 짓는다

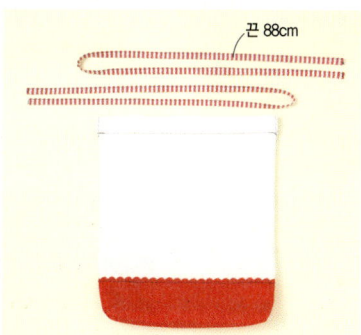

분홍색 물방울과 하늘색 체크 4종 세트

여자아이용은 리본과 레이스로 포인트를 주는 것만으로 간단하고 귀여운 세트가 완성. 남자아이용은 테이블 매트 안감에 사용한 숫자 무늬를 잘라내어 바펜(장식용 휘장)에 지그재그 박기로 아플리케한다. 이것 모두 재봉틀로 튼튼하게 박아놓아 세탁을 자주 하는 아이템에 추천할 만한 테크닉이다.

디자인▪emico 만드는 법▪P.50~55

기본 세트

판다와 토끼 4종 세트

남자아이용은 판다와 도넛, 여자아이용은 토끼와 딸기의 펠트 아플리케가 귀여운 4종 세트. 세탁을 해도 줄어들지 않는 펠트를 사용할 것을 추천한다. 런치백을 튼튼하게 만들고 싶으면 접착심을 붙인다.

디자인 ■히고 메구미 만드는 법 ■P.50~55 참고 재료·도안 ■P.90

변형 A

41
42

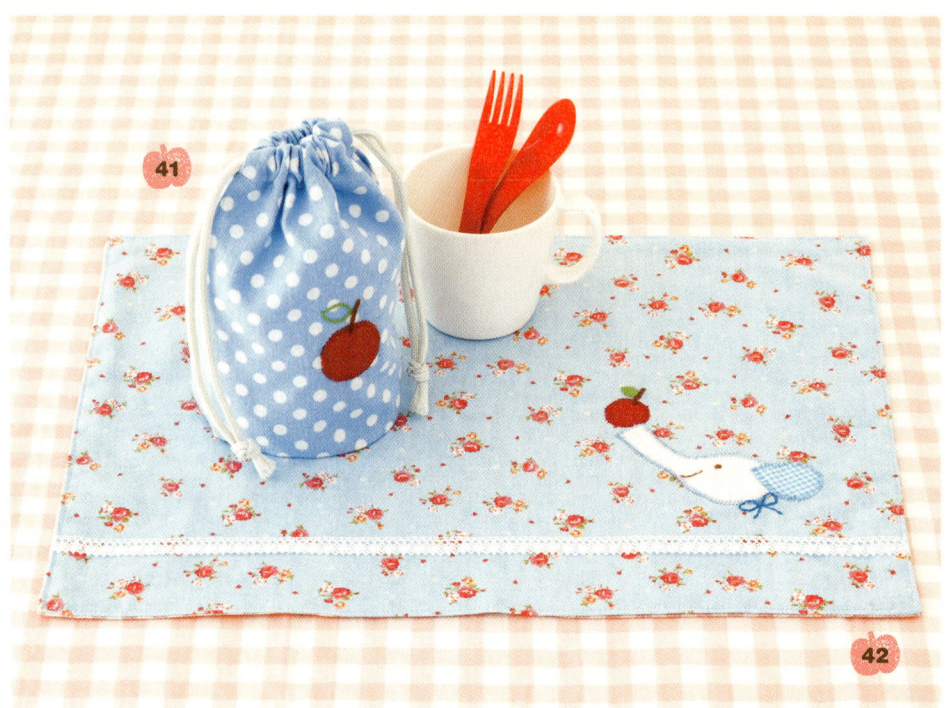

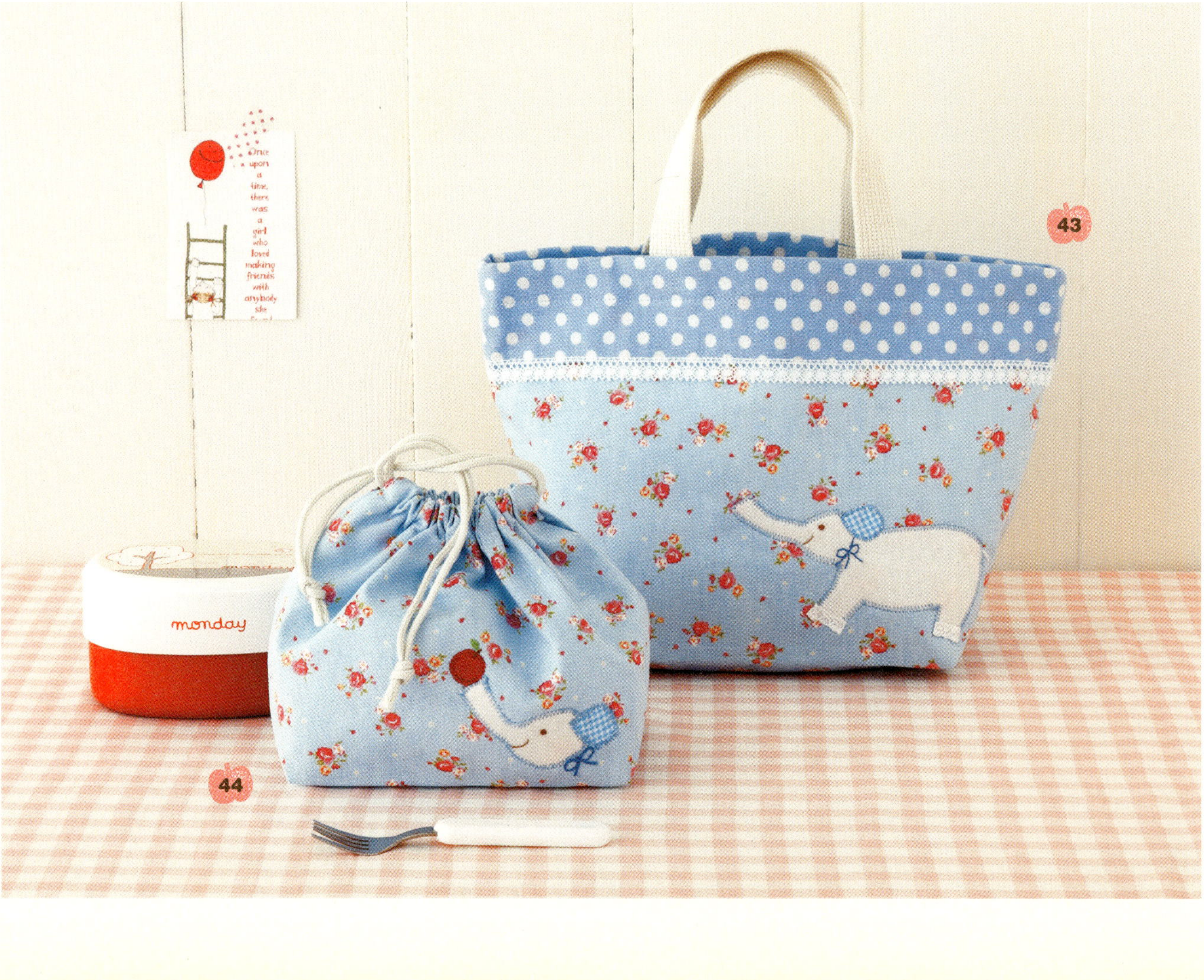
Once upon a time, there was a girl who loved making friends with anybody she
monday
43
44

코끼리와 악어 4종 세트

꽃무늬와 물방울무늬 천에 코끼리와 사과를 아플리케한 귀여운 여자아이용 세트. 악어와 구름 모양의 아플리케가 인상적인 남자아이용 세트에는 스트라이프와 무지천을 조합했다. 바탕천을 옅은 색이나 작은 무늬를 선택하면 아플리케 장식이 한층 돋보인다.

디자인 ❋ 초마루 도모코 만드는 법 ❋ P.50~55 참고 재료·도안 ❋ P.91

Lesson 7

런치백

★아플리케 실물 크기 도안···부록 A면

※레슨에서는 구별하기 쉬운 색의 재봉실을 사용하고 있다.

25 P.44
길이 25
8
20
20
바닥 12

31 P.45
9.5
3
11.5
6

재료

작품 25, 31 공통 1점 분량
겉감···면마 원단 65×40cm
손잡이···폭 2.5cm 웨이빙 끈 60cm
60번 재봉실

여자아이용 장식
아플리케 천···영자 프린트 15×15cm
레이스···폭 1.3cm×45cm
새틴리본···폭 0.5cm×90cm
리본과 같은 색의 60번 재봉실

남자아이용 장식
아플리케 천···숫자 프린트 적당량
장식테이프···폭 1.2cm×100cm

재단 방법

※단위는 cm

2.5 시접
32
1 시접
겉감 1장
26
1 시접
57
6
6 밑 골선
바닥
34

이런 점이 편리!

리본이나 레이스, 아플리케 등의 장식은 접착 시트나 테이프를 다리미로 임시 고정하고 나서 재봉틀로 박으면 어긋날 염려 없이 신속하게 처리할 수 있다! 한번 사용해보자(P.52 참고).

양면 접착테이프 양면 접착 시트

1 손잡이에 리본을 단다

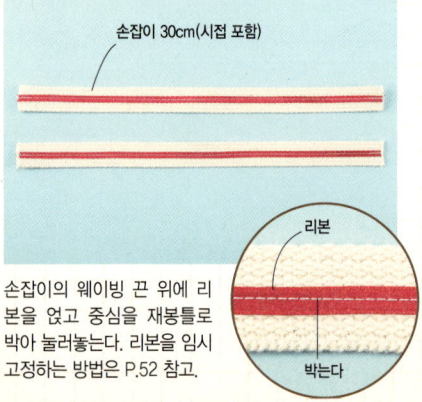

손잡이 30cm(시접 포함)
리본
박는다

손잡이의 웨이빙 끈 위에 리본을 얹고 중심을 재봉틀로 박아 눌러놓는다. 리본을 임시 고정하는 방법은 P.52 참고.

2 천을 재단한다

천을 재단하여 주위를 지그재그 박기로 처리한다. 가방 본체를 더욱 견고하게 만들고 싶을 때는 여기서 천 안쪽에 접착심을 붙인다.

3 아플리케 천을 재단한다

4.5
12

아플리케 천을 둥근 모양으로 재단하고 겉감에 임시 고정한다. 임시 고정하는 방법은 P.52 참고. 둥근 모양의 실물 크기 종이본은 A면.

4 레이스와 리본을 박는다

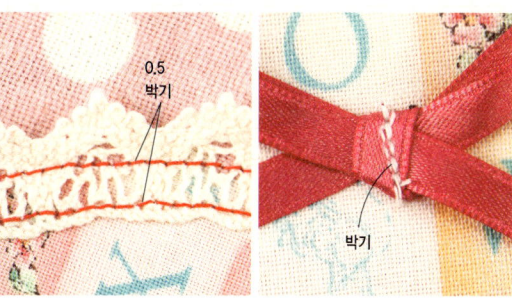

1. 아플리케 천 주위에 레이스를 임시 고정한다. 사진에서는 접착테이프를 사용하여 다리미로 눌러주고 있다. 임시 고정하는 방법은 P.52 참고.

2. 레이스와 함께 아플리케 천을 재봉틀로 박아주고, 리본 27cm를 묶고 나서 중심을 박아 고정한다.

실전에서는 레이스나 리본과 같은 색 실로 박는다. 리본은 어긋나지 않도록 중심 안쪽을 P.52와 동일하게 다리미를 이용하여 접착테이프로 임시 고정하고 나서 박는다.

5 손잡이를 달아준다

6 옆선을 박는다

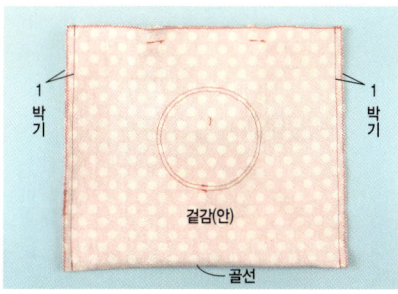

밑을 골선으로 하여 겉끼리 맞대어 2겹으로 접어 옆선을 박는다. 바느질의 시작과 끝은 되돌려박기로 처리한다.

7 바닥을 박는다

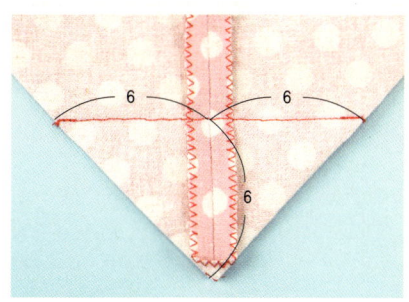

시접을 다리미로 가르고, 옆 솔기와 밑 선을 맞춰 각을 잡아 바닥을 박는다.

겉감 앞뒤의 가방 입구에 손잡이(겉, 리본 쪽)를 맞춰 끝에서부터 2cm 지점을 박아 임시 고정한다.

8 가방 입구를 박는다

가방 입구의 시접을 다리미로 2.5cm 접어 끝에서부터 2cm 지점을 박는다.

남자아이용 아플리케에 대하여

1. 숫자 프린트 안쪽에 양면 접착 시트를 붙여 다리미로 누른 후 무늬에 맞춰 잘라낸다(붙이는 법은 P.52 참고).

2. 겉감에 다리미로 임시 고정하고 나서 주위를 지그재그 박기로 아플리케한다. 초보자는 천과 같은 색 실을 사용할 것을 권한다.

> 시침핀이 필요 없다

편리한 임시 고정 용품을 활용하자!

아플리케 천이나 리본, 레이스 등을 임시 고정할 때 편리하게 사용할 수 있는 양면 접착 시트와 양면 접착테이프 사용법을 소개한다. 시침핀으로 임시 고정할 필요가 없고, 재봉질을 할 때 어긋날 염려도 없다. 바느질을 해도 문제가 없다! 다만 열기가 있는 동안은 떨어지거나 어긋날 수 있으므로 열기가 완전히 식은 후에 사용한다.

양면 접착 시트 사용법

❶아플리케 천 안쪽에 양면 접착 시트의 접착면을 맞춰 다리미로 접착시킨다.

❷①의 안쪽에 종이본을 뒤집어 겹쳐 윤곽을 그린다.

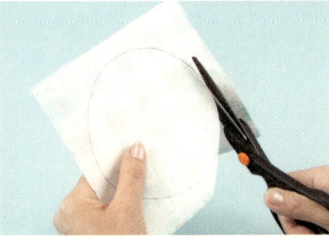
❸선을 따라 가위로 오려낸다.

❹아플리케 천을 잘라낸다.

❺안쪽의 종이를 벗겨낸다. 아플리케 천의 안쪽에 접착제가 붙어 있다.

❻다리미로 아플리케 천을 접착시킨다. 레이스에는 같은 색의 양면 접착테이프를 사용한다. 커브를 만들면서 임시 접착이 가능하기 때문에 시침핀보다 편리하다.

양면 접착테이프 사용법

❶다리미로 리본 안쪽에 양면 접착테이프를 붙인다.

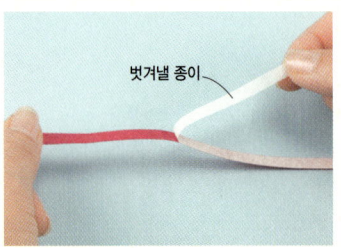
❷종이를 벗겨낸다. 리본 안쪽에 접착제가 붙어 있다.

❸안팎을 혼동하지 않도록 잘 올려 다리미로 접착시킨다.

※주의 : 다리미의 열기로 녹을 염려가 있는 리본에는 사용할 수 없다. 먼저 끝 부분을 시험한 후 사용한다.

Lesson 8

테이블 매트

재료

작품 26, 32 공통 1점 분량
겉감···면마 원단 35×45cm
안감···프린트 35×45cm
60번 재봉실
여자아이용 장식
레이스···폭 1.3cm×45cm
새틴리본···폭 0.5cm×30cm
리본과 같은 색의 60번 재봉실
남자아이용 장식
아플리케 천···숫자 프린트 적당량
장식테이프···폭 1.2cm×45cm

재단 방법 ※단위는 cm

남자아이용의 안감에는 아플리케에 들어간 숫자 프린트를 사용하고 있다

1 천을 재단한다

겉감과 안감을 각 1장씩 재단하여 런치백과 같은 색의 레이스와 리본을 고정한다. 사진 속의 숫자는 시접을 포함한 것이다.

2 네 면을 박는다

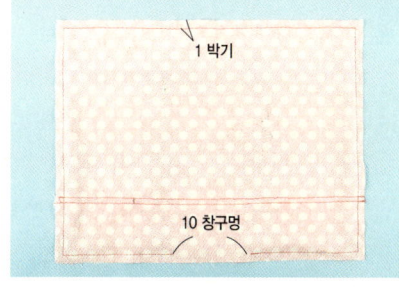

겉감과 안감을 겉끼리 맞대어 창구멍을 남기고 주위를 박는다.

3 시접을 접는다

시접을 다리미로 눌러두면 겉으로 뒤집었을 때 각이 깨끗하게 마무리된다.

4 겉으로 뒤집는다

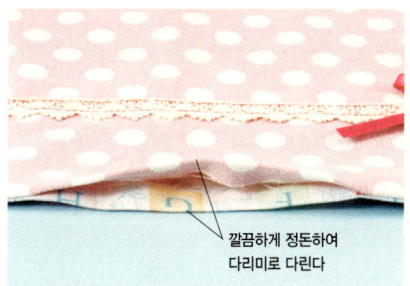

창구멍을 이용하여 겉으로 뒤집어 다리미로 모양을 정돈한다. 창구멍의 시접을 정돈하여 시침핀으로 임시 고정한다.

5 네 면을 박는다

주위를 박아서 완성한다(이 작업으로 창구멍을 막아준다).

Lesson 9

컵 주머니

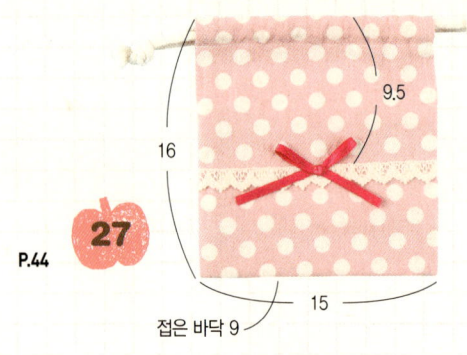

P.44 27

P.45 30

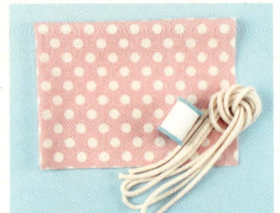

재료

작품 27, 30 공통 1점 분량
겉감…면마 원단 55×25cm
둥근 끈…두께 0.5cm×100cm
60번 재봉실
여자아이용 장식
레이스…폭 1.3cm×25cm
새틴리본…폭 0.5cm×30cm
리본과 같은 색의 60번 재봉실
남자아이용 장식
아플리케 천…숫자 프린트 적당량
장식테이프…폭 1.2cm×25cm

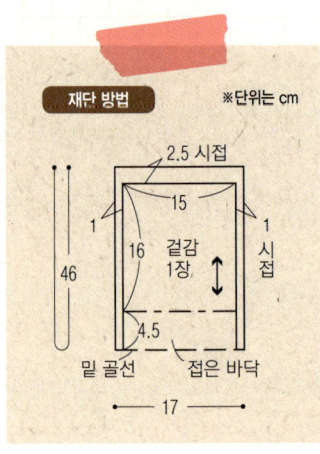

재단 방법 ※단위는 cm

1 천을 재단한다

겉감 주위를 지그재그 박기를 하고, 런치백과 같은 방법으로 레이스와 리본을 고정한다.

2 밑을 접는다

밑을 골선으로 겉끼리 맞대어 2겹 접고 밑에서부터 4.5cm 지점에서 다시 접어 시침핀으로 고정한다.

3 옆선을 박는다

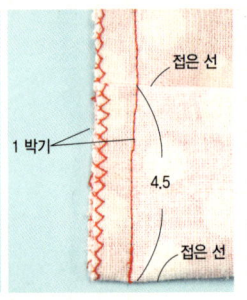
트임 구멍을 남기고 양옆을 박는다.
접은 바닥 부분은 천이 4장 겹치기 때문에 어긋나지 않도록 주의하자.

4 트임 구멍을 박는다
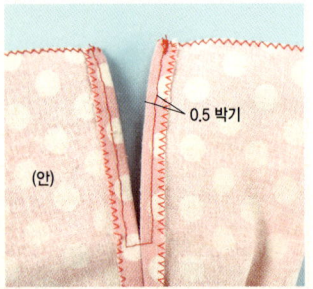
시접을 다리미로 가르고, 트임 구멍의 끝에서부터 0.5cm 지점을 박는다.

5 주머니 입구를 박는다
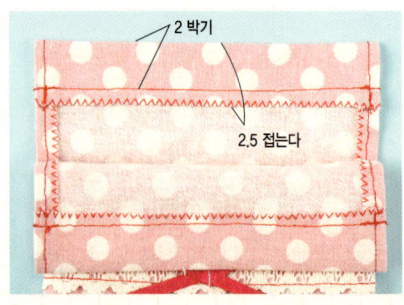
시접을 다리미로 2.5cm 접어 끝에서부터 2cm 지점을 박는다.

6 끈을 넣는다

길이 50cm 둥근 끈 2개를 좌우로 통과시켜 끝매듭을 짓는다.

완성!

밑을 접어 옆을 박기만 하면 되는 간단한 방법으로, 9cm의 바닥이 있는 컵 주머니가 완성됐다.

Lesson 10

도시락 주머니

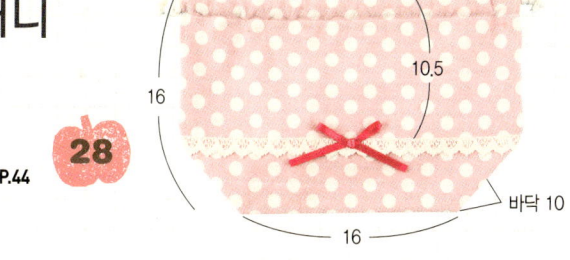
P.44 28

P.45 29

재료

작품 28, 29 공통 1점 분량
겉감…면마 원단 55×35cm
둥근 끈…두께 0.5cm×130cm
60번 재봉실

여자아이용 장식
레이스…폭 1.3cm×35cm
새틴리본…폭 0.5cm×30cm
리본과 같은 색의 60번 재봉실

남자아이용 장식
아플리케 천…숫자 프린트 적당량
장식테이프…폭 1.2cm×35cm

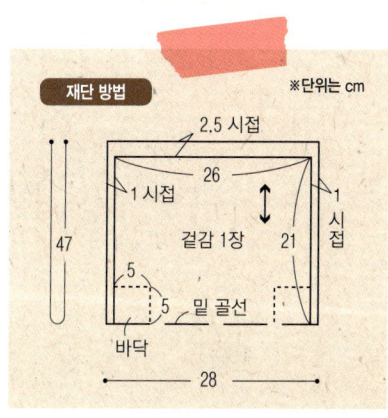

재단 방법   ※단위는 cm

---

1 천을 재단한다

겉감 주위를 지그재그 박기로 처리하고 런치백과 같은 방법으로 레이스와 리본을 달아준다.

레이스와 리본 부분이 돋보이지만 실제로는 각각의 같은 색 실로 재봉하도록 한다.

2 옆선을 박는다
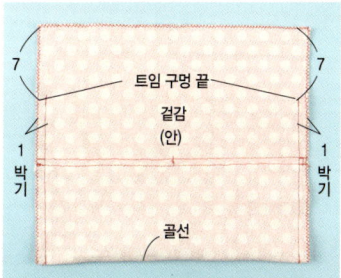

밑을 골선으로 겉끼리 맞대어 2겹으로 접어 트임 구멍을 남기고 옆선을 박는다.

3 트임 구멍을 박는다
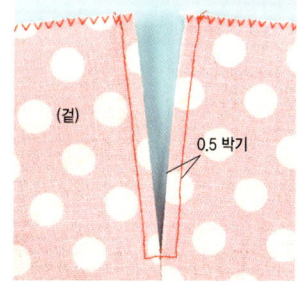

시접을 다리미로 가르고, 트임 구멍 끝에서부터 0.5cm 지점을 박는다.

4 바닥을 박는다
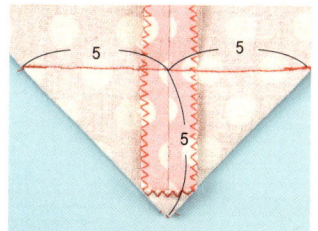

시접을 다리미로 가르고, 옆 솔기와 밑 선을 맞춰 각을 잡고 바닥을 박는다.

5 도시락 주머니 입구를 박는다
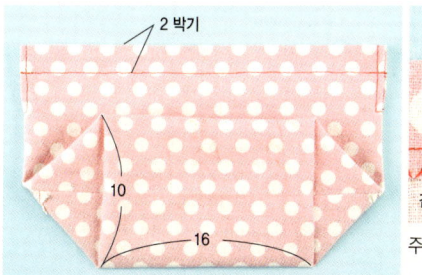

주머니 입구의 시접을 다리미로 안쪽에 2.5cm 접어 끝에서부터 2cm 지점을 박는다.

6 끈을 넣는다

길이 65cm의 둥근 끈 2개를 좌우에서 통과시켜 끝매듭을 짓는다.

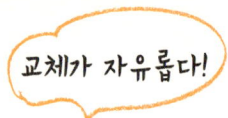

고리가 달린 이름표

자신만의 오리지널 이름표를 만들어준다면 아이도 무척 좋아할 것이다. 아직 글자를 못 읽는 어린아이는 다양한 모양이나 색으로 내 것임을 알 수 있기 때문에 좋은 표시가 될 수 있다. 어느 것이나 고리가 달려 있어 하나 만들어두면 교체도 가능하여 배낭이나 가방 등에 편리하게 사용할 수 있다.

작품 49, 50은 클리어 포켓 형태로 이름표를 교체할 수 있어 반이 바뀌어도 오래 사용할 수 있다. 작품 51, 52는 크고 작은 아이콘이 흔들거리면서 정말 사랑스럽다! 뒤쪽에는 이름을 새겼다.

디자인 ★ 49・50=emico, 51・52=오노 리에   만드는 법 ★ P.57

고리가 달린 이름표

★실물 크기 도안…부록 A면　P.56　49　50　51　52

재료

작품 49 새
본체…펠트 분홍색 15×20cm, 비닐 시트…3.5×5cm, 리넨테이프…폭 1cm×30cm, 트레이싱페이퍼…각 3.5×5cm

작품 50 자동차
본체…펠트 녹색 15×20cm, 비닐 시트…3.5×5cm, 리넨테이프…폭 1cm×30cm, 트레이싱페이퍼…각 3.5×5cm

작품 51 별
본체…펠트 노란색, 파란색 각 10×15cm, 감색 약간, 리본…폭 0.7cm×32cm, 단추…지름 0.7cm 2개, 25번 자수실 각 색별로 적당량

작품 52 하트
본체…펠트 빨간색, 하늘색 각 8×10cm, 연분홍색 약간, 리본…폭 0.5cm×32cm, 단추…지름 0.7cm 2개, 25번 자수실 각 색별로 적당량

만드는 법

새, 자동차
1. 펠트를 재단(시접 없이)하여 2장을 만들고, 1장에 카드 케이스를 만들어 달아준다.
2. 펠트 2장 사이에 반으로 접은 리넨테이프를 끼워 주위를 재봉틀로 박는다.
3. 이름을 쓴 종이를 케이스에 넣는다.

하트, 별
1. 펠트 ABC를 재단해놓고, AB에 아플리케와 자수를 하고, C에 단추를 단다.
2. 리본을 그림처럼 접어 A와 B, C 2장에 끼워 주위를 블랭킷 스티치로 박는다.
※별과 하트도 같은 방법으로 만든다.

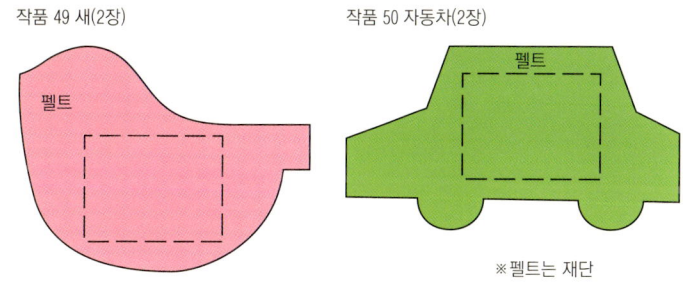

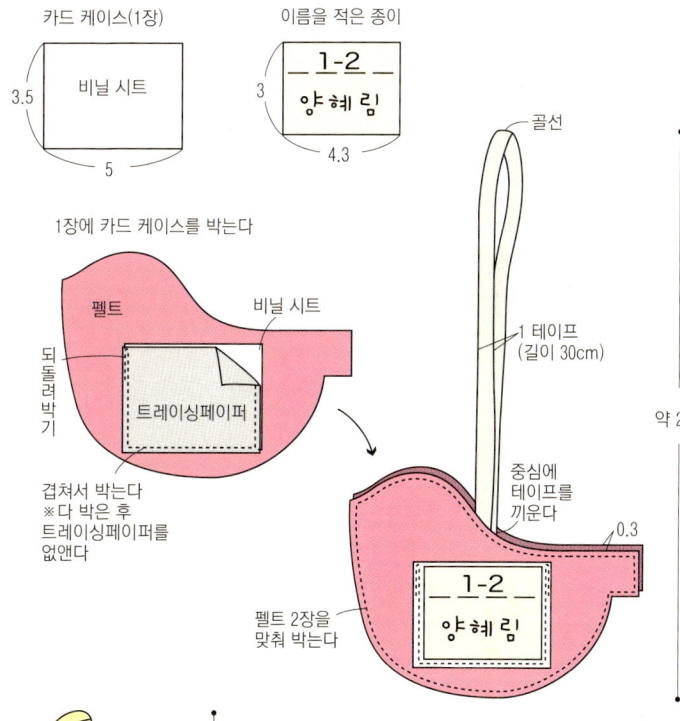

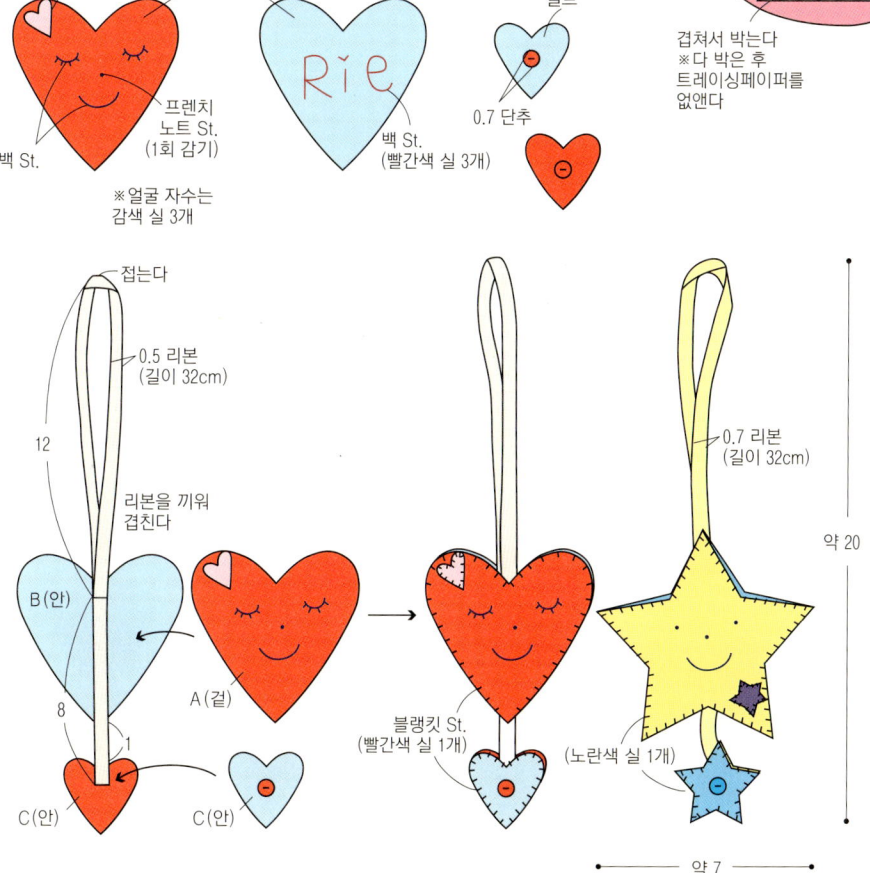

53 회전고리 부착

미니 사이즈

54 고리 부착

보통 사이즈

매일 필수품!

티슈 & 손수건 케이스

휴대용 티슈와 손수건을 함께 넣어 휴대할 수 있는 케이스다. 배낭 금속기구에 걸어 사용하는 고리 타입은 보통 사이즈, 옷의 벨트에 걸어 사용하는 회전고리 타입은 미니 사이즈로 만들었다. 곰과 고양이의 얼굴 옆에 손수건을 넣는 주머니가 달려 있다.

디자인 emico 만드는 법 P.59

티슈 & 손수건 ★실물 크기 도안…부록 A면

P.57

재료

작품 53 여자아이용
본체…분홍색 격자무늬 20×30cm, 접착심…20×30cm, 리넨테이프…폭 1cm ×6cm, 회전고리 1개, 이름표 테이프 1개, 다리미 접착 필름…갈색 조금, 25번 자수실 암갈색 적당량

작품 54 남자아이용
본체…하늘색 격자무늬 25×35cm, 접착심…25×35cm, 장식테이프…폭 1cm ×10cm, 이름표 테이프 1개, 다리미 접착 필름…갈색 조금, 25번 자수실 암갈색 적당량

만드는 법

1. 본체에 접착심을 붙이고 주위에 지그재그 박기를 한다.
2. 상하티슈 케이스 입구와 주머니 입구를 접어 박는다.
3. 2장을 겹쳐 테이프를 끼워 옆을 박는다.
4. 겉으로 뒤집어 티슈 케이스 입구 쪽에 다리미로 이름표 테이프를 붙인다.
5. 주머니 옆에 아플리케와 자수를 한다.

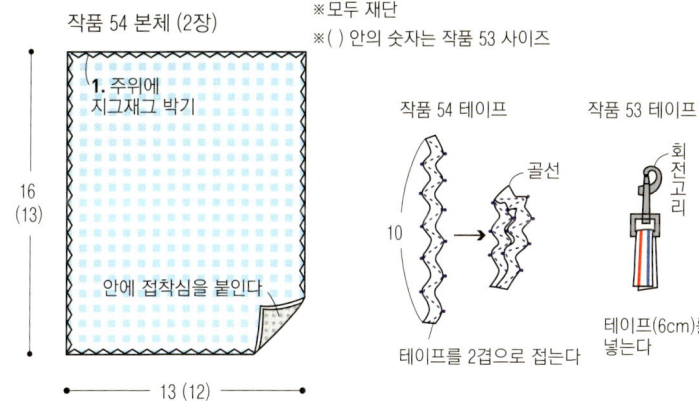

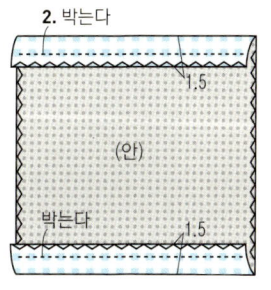

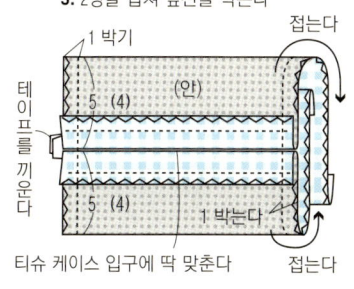

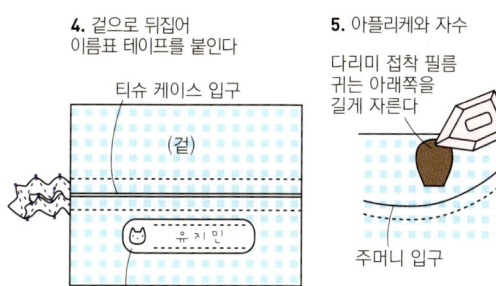

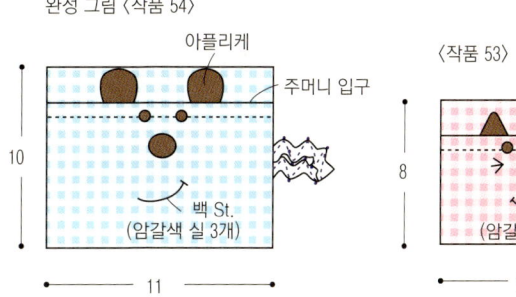

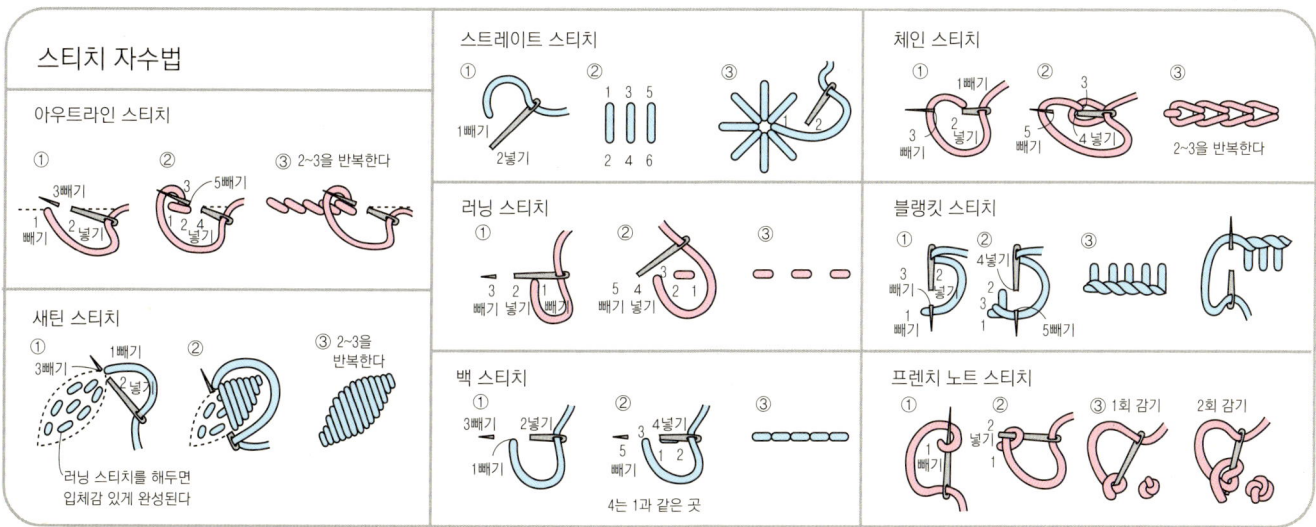

> 역시 쓰는 것이 가장 빠르다!

원단용 마커로 귀여운 이름표를 만드는 아이디어

이름표를 만드는 가장 쉬운 방법은 뭐니 뭐니 해도 직접 적는 것. 아이 이름을 마음에 드는 서체로 출력해서 여러 번 따라서 써보자. 이렇게 적어놓은 이름에 간단한 표시나 스티치풍의 라인을 곁들이기만 해도 매우 효과적이다. 어려운 작업이라면 계속하는 것이 무리이지만 이 정도 노력이라면 해볼 마음이 생기지 않을까?

디자인 emico 만드는 법 P.61

> 간단한 컬러 표시를 하는 것만으로 이름이 멋스러워지는 원 포인트 표시! 원이나 직선 도안은 비교적 그리기가 쉬우므로 한번 도전해보자.

> 빨간색 모자에는 흰색 표시로 선명하게, 실내화 벨트 부분에는 사과 표시와 같은 빨간색으로 스티치풍 라인을 더했다.

> 시판되는 이름표 테이프를 하트나 별 모양으로 잘라 스티치풍 라인을 넣은 후 이름을 적었다. 완성된 손수건을 이용하면 더 편리!(실물 크기 종이본…부록 B면)

🌼 이름표 테이프에 써보자 ♪

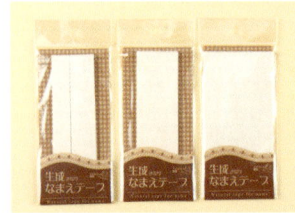
이름표 테이프는 여러 가지 두께의 것을 준비해두면 편리하다.

일러스트 표시를 넣고 자를 사용하여 스티치풍 라인을 그린다. 문자를 균일하게 똑바로 쓰기 위한 가이드라인이 되기도 한다.

이름을 쓴 후 남는 곳을 잘라낸다. 모서리를 둥글게 잘라내도 귀엽다.

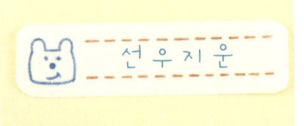
완성! 그다음은 원하는 장소에 다리미로 붙이기만 하면 끝. 한 번에 정리해서 많이 만들어두자.

문자 & 마크 실물 크기 도안

여러 번 사용하게 되는 글자들이라면 매번 복사해서 사용하기보다는 쓰는 법을 연습해서 기억해두자! 처음에는 도안 위에 복사지 등을 올려 도안을 따라 연습해보면 좋다.

※ 하단의 4개는 참고 도안

음악 시간 3종 세트

뚜껑이 달린 멜로디언 케이스, 주머니 타입의 세로형 피리 주머니와 하모니카 주머니의 음악 3종 세트. 닻 모양에 블루 세일러 테이프를 합친 마린풍이 신선함을 더해준다.

디자인 ■아카미네 사야카 만드는 법 ■작품 55=P.64, 작품 56, 57=P.87

소중한 추억이 될지도

알림장 커버

B6사이즈(182×128mm, 두께 5mm 정도)의 시판용 노트가 딱 들어맞는 알림장 커버. 블랙워치 원단의 안정감 있는 체크에 데님을 합쳐 컬러풀한 펠트로 애벌레를 아플리케했다.

디자인 ■오노 리에   만드는 법 ■P.92

씩씩해 보이는 숄더백

등원이나 외출할 때도 사용할 수 있는 숄더백. 모노톤의 원단에 뚜껑 부분의 별 모양 테이프나 어깨끈의 빨간색이 돋보이는 디자인으로, 남자아이에게도 여자아이에게도 잘 어울린다. 어깨끈에는 길이를 조절하는 사각 링을 달아 아이의 키에 맞출 수 있도록 했다.

디자인 오노 리에 만드는 법 P.66

Lesson 11

멜로디언 케이스

★실물 크기 도안…부록 A면

※레슨에서는 구별하기 쉬운 색의 재봉실을 사용하고 있다.

P.62 55

길이 28
21
18
6
0.3
0.7
51
바닥 6

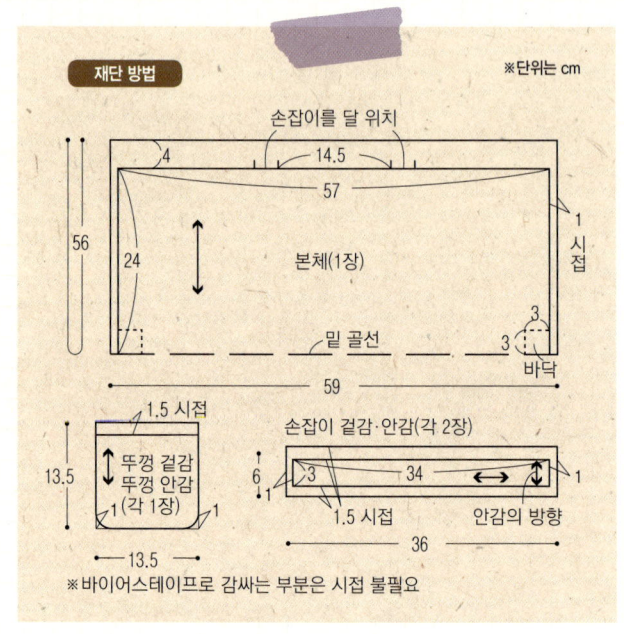

재단 방법
※단위는 cm

손잡이를 달 위치
4   14.5
57
56   24   본체(1장)   1 시접
밑 골선
3   3
59   바닥

1.5 시접
13.5   뚜껑 겉감 뚜껑 안감 (각 1장)   1
13.5

손잡이 겉감·안감(각 2장)
6   3   34   1
1   1.5 시접   안감의 방향
36
※바이어스테이프로 감싸는 부분은 시접 불필요

재료

본체(뚜껑 겉감, 손잡이 겉감 포함)…누빔 원단 65×80cm,
뚜껑 안감, 손잡이 안감…격자무늬 20×55cm
60번 재봉실
펠트…감색 20×20cm
테이프(세일러 테이프)…폭 0.7cm×120cm
바이어스테이프(시접 양절 타입)…완성 폭 1.1cm×45cm
지름 2.5cm 단추 1개
벨크로테이프…폭 2.5cm×4cm
25번 자수실 빨간색 적당량

1 천을 재단한다

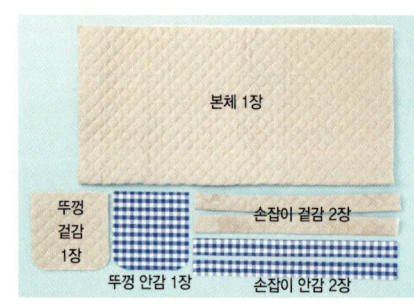

※사진은 손잡이의 시접을 접은 상태

2 손잡이를 만든다

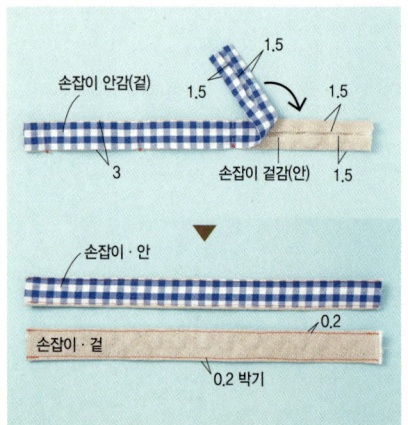

손잡이의 겉감과 안감의 시접을 다리미로 접어 안끼리 맞대어 시침핀으로 고정하고 끝에서부터 0.2cm 지점을 박는다.

3 끝단 처리를 하고 장식을 달아준다

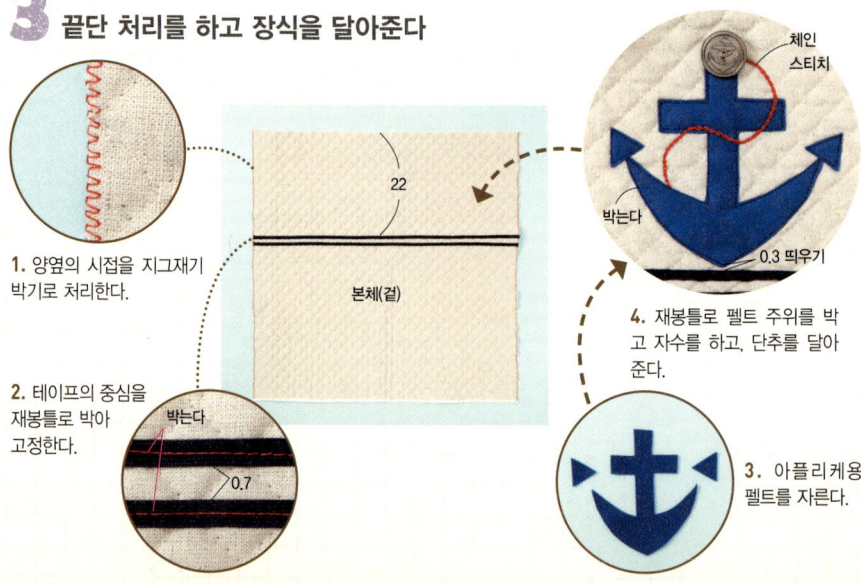

1. 양옆의 시접을 지그재기 박기로 처리한다.

2. 테이프의 중심을 재봉틀로 박아 고정한다.

3. 아플리케용 펠트를 자른다.

4. 재봉틀로 펠트 주위를 박고 자수를 하고, 단추를 달아준다.

4 옆선을 박는다

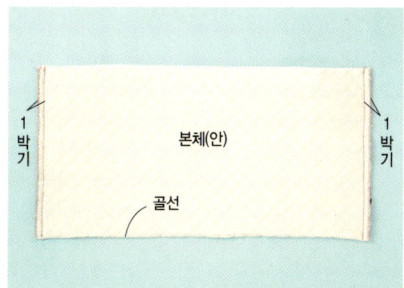

밑을 골선으로 하여 겉끼리 맞대어 2겹 접고 옆선을 박는다. 바느질의 시작과 끝은 되돌려박기로 처리한다.

5 바닥을 박는다

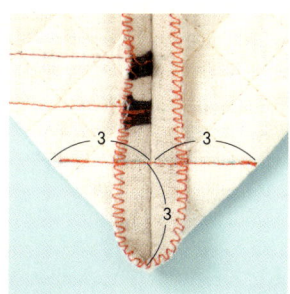

시접을 다리미로 가르고, 옆 솔기와 밑선을 맞춰서 각을 잡고 바닥을 박는다.

6 손잡이를 끼우고 가방 입구를 박는다

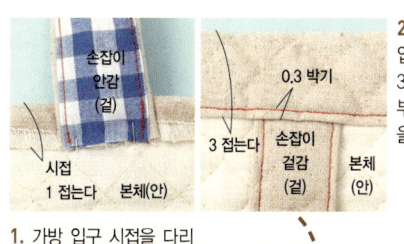

2. 다음은 주머니 입구를 다리미로 3cm 접고 끝에서부터 0.3cm 지점을 박는다.

1. 가방 입구 시접을 다리미로 1cm 접고 손잡이 끝을 맞춰 바깥쪽에서 시침핀으로 고정한다.

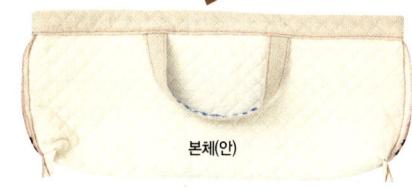

7 손잡이를 위로 세우고 가방 입구를 박는다

8 벨크로테이프를 박아서 달아준다

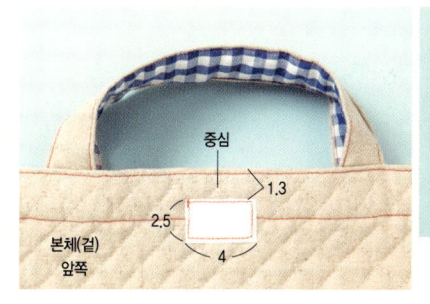
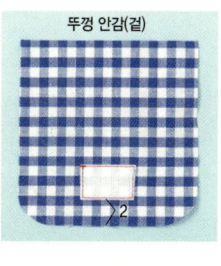

9 뚜껑을 바이어스테이프로 감싸고 본체에 달아준다

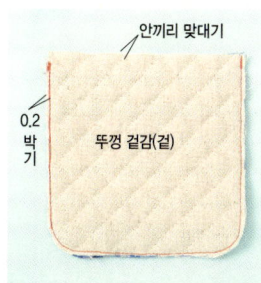 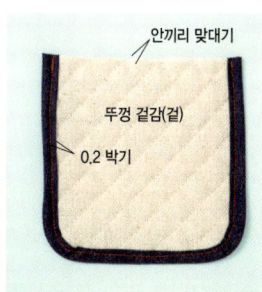 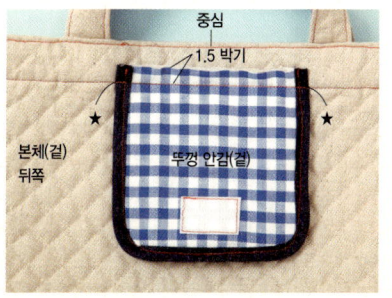 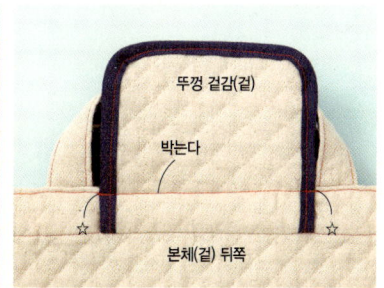

1. 뚜껑 겉감과 안감을 안끼리 맞대어 바깥쪽을 박아 임시 고정한다.

2. 바이어스테이프로 감싸고 박는다.

3. 사진과 같이 본체 뒤쪽에 뚜껑을 포개어 가방 입구 아래쪽 재봉 선에 맞추고 ★ 표시에서 ★ 표시까지 박는다.

4. 뚜껑을 세우고 입구 위쪽 재봉 선에 맞추고 ☆ 표시에서 ☆ 표시까지 박는다.

Lesson 12

숄더백

P.63 · 59

재료

본체…격자무늬 55×40cm,
속가방, 뚜껑 겉감 A, 뚜껑 안감…검은색 스트라이프 50×60cm
뚜껑 겉감 B…검은색 무지 25×15cm
어깨끈…폭 2.5cm 웨이빙 끈 100cm
벨트 조절 링, 사각 링…안쪽 지름 2.5cm 각 1개
벨크로테이프…폭 2.5cm×4cm
60번 재봉실
별 모양 테이프…폭 2cm×30cm
지름 0.7cm 단추 빨간색, 흰색, 검은색 각 1개

1 천을 재단한다
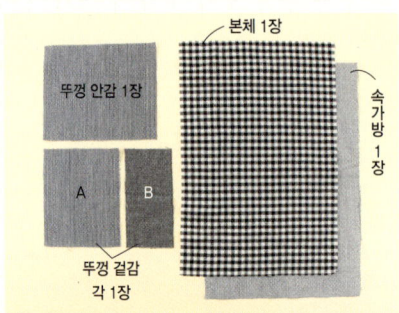

2 벨크로테이프를 박는다
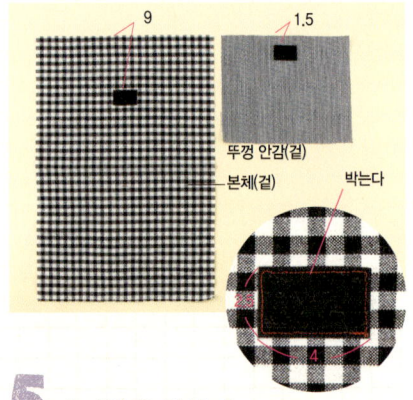

3 옆선을 박는다
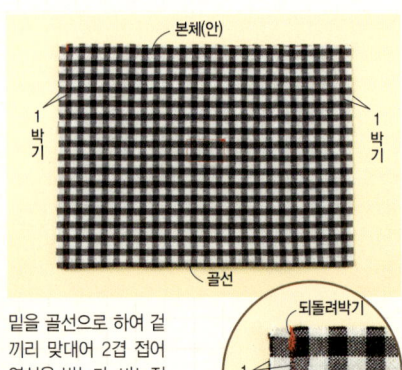

밑을 골선으로 하여 겉끼리 맞대어 2겹 접어 옆선을 박는다. 바느질의 시작과 끝은 되돌려 박기로 처리한다.

4 바닥을 박는다

1. 시접을 다리미로 가르고, 옆 솔기와 밑 선을 맞춰 각을 잡고 바닥을 박는다.

2. 본체의 바닥을 만든 후 바닥의 각은 밑 쪽으로 넘겨둔다.

5 속가방을 만든다

속가방은 한쪽 편 옆에 창구멍을 남기고 본체와 같은 방법으로 박고, 시접을 다리미로 가른 후 바닥을 만든다.

6 뚜껑을 만든다

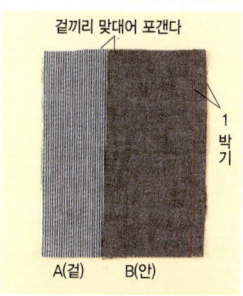
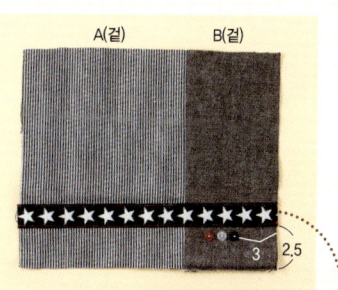

1. 뚜껑 겉감 A, B를 겉끼리 맞대어 박고, 시접을 가른다.
2. 별 모양 테이프를 박아주고 단추를 달아 고정한다.
3. 뚜껑 겉감과 뚜껑 안감을 겉끼리 맞대어 붙이는 쪽 이외의 3변을 박는다.
4. 모서리의 시접을 자른다.
5. 겉으로 뒤집어 다리미로 모양을 잡아주고 붙이는 쪽 이외의 3변을 박는다.

7 어깨끈을 만든다

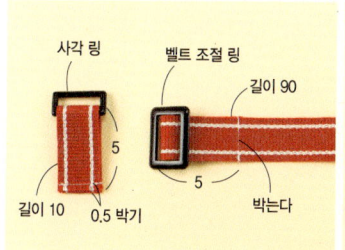

1. 웨이빙 끈을 10cm와 90cm로 자르고, 사각 링과 벨트 조절 링에 넣어 끝을 박아 고정한다.
2. 어깨끈 끝을 사각 링 → 벨트 조절 링 순으로 통과시킨다.

8 어깨끈을 임시 고정한다

어깨끈을 양옆의 위에 임시 고정한다. 이때 벨트 조절 링이 본체 쪽으로 향하도록 맞춰준다.

9 본체와 속가방을 박는다

본체와 속가방을 겉끼리 맞대어 입구 주위를 박는다.

10 창구멍을 막아준다

창구멍을 이용하여 겉으로 뒤집고, 속가방의 창구멍을 감침질로 막아준다(P.18).

11 가방 입구를 박는다

속가방을 안쪽으로 넣고 다리미로 모양을 정돈한 다음 입구 주위를 박는다.

12 뚜껑을 달아준다

1. 본체 뒤쪽에 뚜껑을 달아준다.
2. 뚜껑을 위로 세워 박는다.

간단하게 만드는 주머니형 배낭

소풍 갈 때뿐만 아니라 다양하게 활용할 수 있는 배낭. 왼쪽의 초등학생용은 바닥이 8cm로 A4 사이즈 정도, 오른쪽의 유치원생용은 바닥이 4cm로 B5 사이즈 정도가 들어간다. 주머니에 고리와 뚜껑을 달기만 하면 되므로 만드는 법도 간단하다.

디자인●오노 리에　만드는 법●P.70

초등학생을 위한 머리 보호용 가방

평상시 의자 등받이나 방석으로 사용하다가 화재나 지진이 발생할 경우 어린이의 머리를 보호하는 용도로 사용한다. 방재두건이라고도 부른다. 사용할 때는 손잡이를 사진처럼 안쪽으로 넣어 단추를 잠근 후 머리에 쓴다.

디자인 아카미네 사야카 **만드는 법** P.72

Lesson 13

주머니형 배낭

60
P.68
38
바닥 8
28

61
P.68
33
바닥 4
26

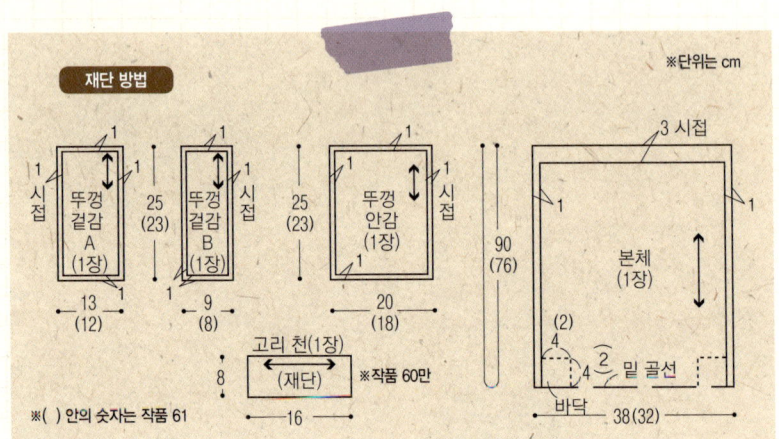

재단 방법
※단위는 cm
※( ) 안의 숫자는 작품 61

재료

작품 60, 61 공통 1점 분량
본체(뚜껑 안감 포함)…누빔 원단 95×65cm(작품 60), 85×55cm(작품 61)
뚜껑 겉감 A…무지 30×20cm
뚜껑 겉감 B…무지 30×15cm
고리 천…무지 10×20cm(작품 60만)
둥근 끈…두께 0.5cm×280cm(작품 60), 260cm(작품 61)
벨크로테이프…폭 2.5cm×4cm
60번 재봉실

작품 60용 장식
레이스…폭 1.5cm×25cm
꽃무늬 테이프…폭 1.2cm×15cm
지름 0.8cm 단추 흰색, 하늘색 각 1개
25번 자수실 자주색 적당량(단추 고정용)

작품 61용 장식
라인이 들어간 테이프(고리 포함)…폭 0.7cm×45cm
별 모양 테이프…폭 2cm×15cm
25번 자수실 오렌지색 적당량

1 천을 재단한다

※그 밖에 고리 천 1장을 재단한다.

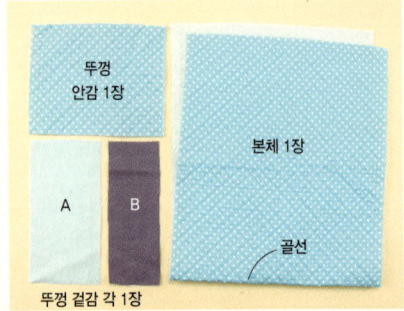

뚜껑 안감 1장
본체 1장
A B
뚜껑 겉감 각 1장
골선

4. 뚜껑 안감에 벨크로테이프를 달아준다.

뚜껑 안감 (겉)
3

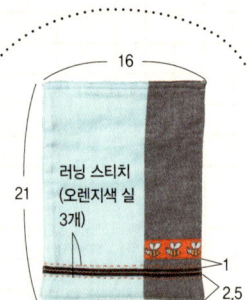

16
21
러닝 스티치 (오렌지색 실 3개)
1
2.5

작품 61의 뚜껑도 만드는 법은 동일. 3에서 테이프의 상하에 자수를 놓는다.

2 뚜껑을 만든다

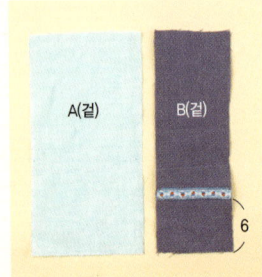

A(겉) B(겉)
6

1. 뚜껑 B에 장식테이프를 박아 고정한다.

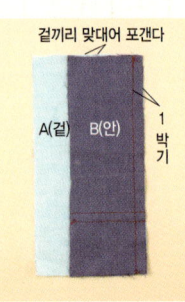

겉끼리 맞대어 포갠다
A(겉) B(안)
1 박기

2. 뚜껑 겉감 A, B를 겉끼리 맞대어 박고, 시접을 가른다.

A(겉) B(겉)
1
0.5
3

3. 레이스를 박아서 달고, 단추를 달아준다.

붙이는 쪽
뚜껑 겉감(안)
1 박기

5. 뚜껑 안감과 3을 겉끼리 맞대어 붙이는 쪽 이외의 3변을 박는다.
6. 모서리의 시접을 자른다.

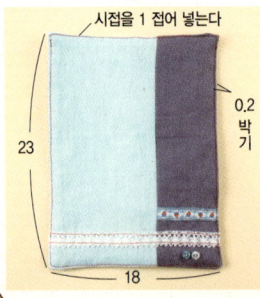

시접을 1 접어 넣는다
23
0.2 박기
18

7. 겉으로 뒤집어 다리미로 붙이는 쪽의 시접을 1cm 안쪽으로 접어 넣고 주위를 박는다.

3 고리를 만든다

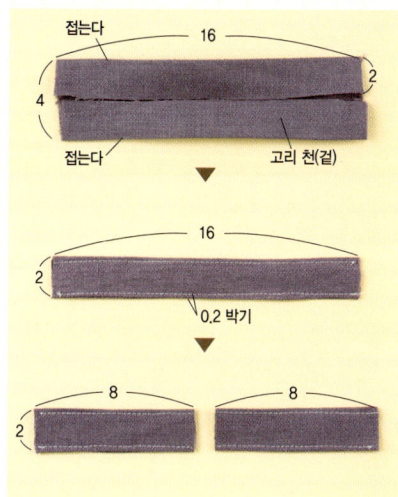

고리 천 양 끝을 중심으로 맞대어 다리미로 접고, 다시 반으로 접어 박은 후 2개로 자른다(작품 61은 테이프 8cm를 2개 준비).

4 벨크로테이프를 붙인다

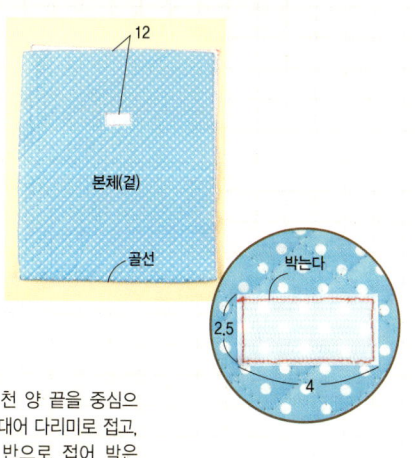

5 옆선을 박는다

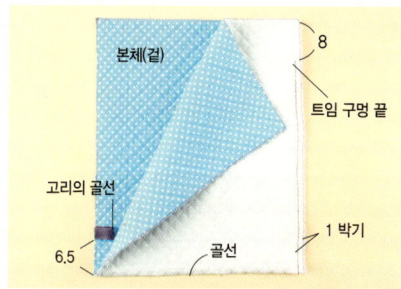

본체의 밑을 골선으로 하여 겉끼리 맞대어 반으로 접고, 2겹으로 접은 고리의 골선을 안쪽으로 하여 양옆에 끼워 트임 구멍 끝에서부터 밑까지 옆선을 박는다.

6 바닥을 박는다

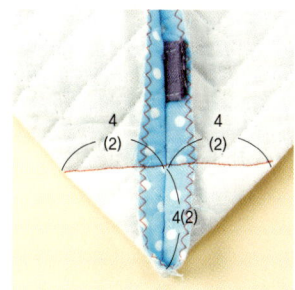

시접을 다리미로 가르고 옆 솔기와 밑선을 맞대어 각을 잡고 바닥을 박는다.
( ) 안의 숫자는 작품 61의 치수다.

7 트임 구멍을 박는다

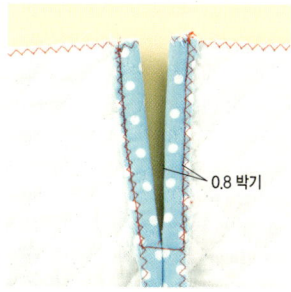

시접을 다리미로 가르고, 트임 구멍 끝에서부터 0.8cm 지점을 박는다.

8 배낭 입구를 박는다

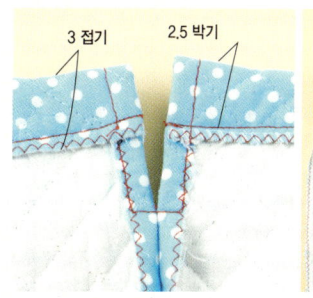 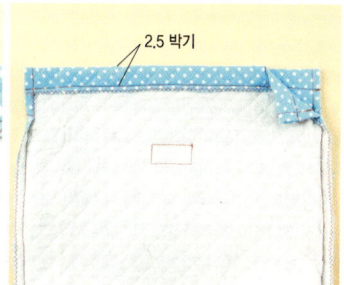

1. 시접을 3cm 접고 끝에서 2.5cm 지점을 박는다.
2. 배낭 입구가 박아졌다.

9 뚜껑을 달아준다

겉으로 뒤집어 본체 뒤쪽에 뚜껑을 달아준다. 바느질의 시작과 끝은 되돌려박기로 처리한다.

10 끈을 넣는다

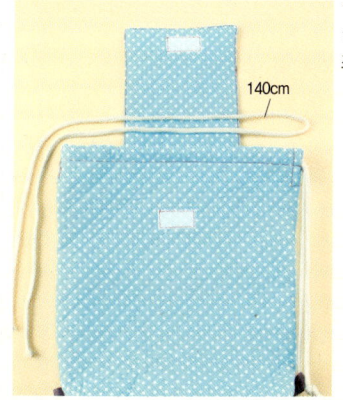 

1. 길이 140cm(작품 61은 130cm)의 둥근 끈 2개를 좌우로 넣어준다.
2. 끈을 고리에 넣고 끝매듭을 짓는다.

Lesson 14

머리 보호용 가방

★아플리케의 실물 크기 도안…부록 B면

※레슨에서는 구별하기 쉬운 색의 원단과 재봉실을 사용하고 있다.

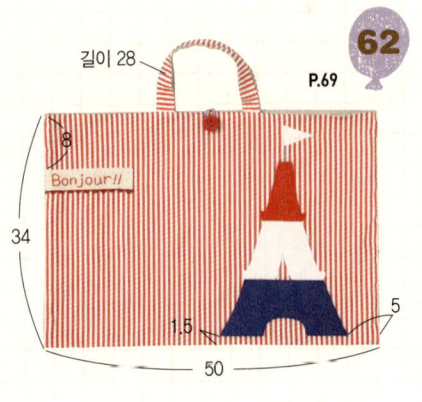
62 P.69
길이 28
8
34
Bonjour!!
1.5
50
5

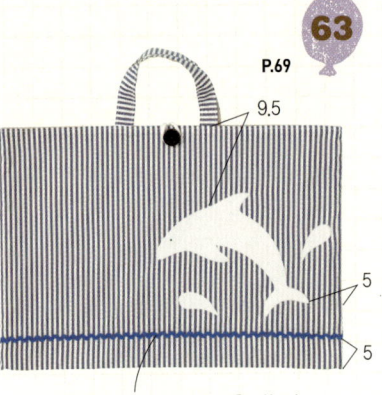
63 P.69
9.5
5
5
물결무늬 테이프의 중심을 박는다

재단 방법 ※단위는 cm

손잡이를 달 위치
1
10
50
1
70 34 본체·속가방 (각 1장) 시접
밑 골선
52

1
50
1
35 33 등 커버 겉감·안감 (각 1장)
1 시접
52

손잡이 겉감·안감(각 2장)
4.5 2.5 28 1 시접
30

재료

작품 62, 63 공통 1점 분량
본체, 등 커버 겉감(손잡이 겉감 포함)…스트라이프 목면 80×110cm
속가방, 등 커버 안감(손잡이 안감 포함)…리넨 80×110cm
60번 재봉실

작품 62용 장식
펠트…빨간색 10×10cm, 흰색 10×15cm, 감색 10×20cm
리본(고리용)…폭 0.6cm×10cm
리넨테이프…폭 3cm×15cm
물결무늬 테이프…폭 1cm×15cm
지름 2.3cm 단추 빨간색 1개
25번 자수실 빨간색, 하늘색 적당량

작품 63용 장식
펠트…흰색 20×25cm
둥근 끈(고리용)…두께 0.4cm×10cm
물결무늬 테이프…폭 1cm×55cm
지름 2.3cm 단추 검은색 1개
25번 자수실 검은색 적당량(돌고래 눈)

1 천을 재단한다

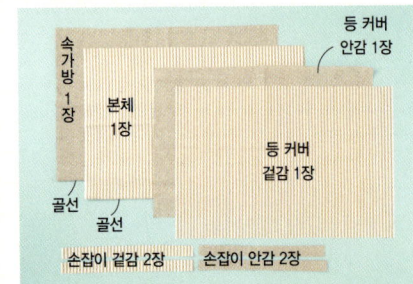

속가방 1장 본체 1장 등 커버 안감 1장 등 커버 겉감 1장
골선 골선
손잡이 겉감 2장 손잡이 안감 2장

본체 앞쪽에 펠트를 아플리케하고 자수를 한 리넨테이프를 재봉틀로 박아둔다(오른쪽 하단 참고). ※사진은 손잡이의 시접을 접은 상태

2 손잡이를 만든다

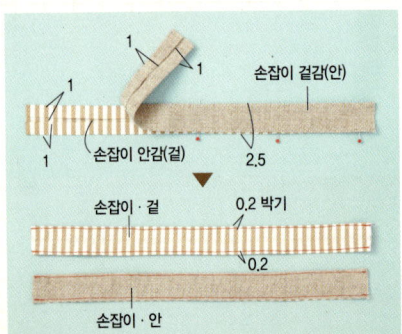

1
1 손잡이 겉감(안)
손잡이 안감(겉) 2.5
▽
손잡이·겉 0.2 박기
0.2
손잡이·안

손잡이의 겉감과 안감의 시접을 다리미로 접고, 안끼리 맞대어 시침핀으로 고정한 후 끝에서 0.2cm 지점을 박는다.

3 등 커버를 박는다

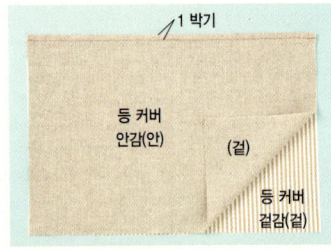

1 박기
등 커버 안감(안) (겉)
등 커버 겉감(겉)

1. 등 커버의 겉감과 안감을 겉끼리 맞대어 긴 쪽의 변(한쪽 편)을 박는다.

0.4 박기
등 커버 겉감(겉) (안)
등 커버 안감(안)
0.4 박기

2. 겉으로 뒤집어 다리미로 누른 후 끝에서부터 0.4cm 지점을 박는다.

4 본체에 등 커버, 손잡이, 고리를 임시 고정한다

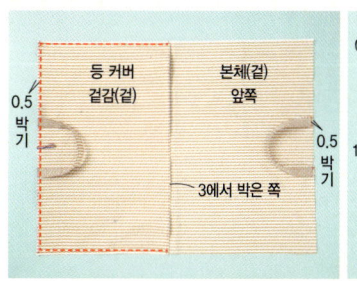
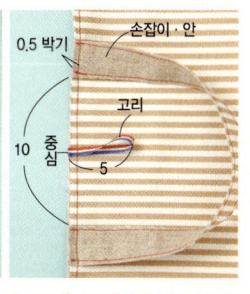

1. 본체 앞쪽에는 손잡이를 임시 고정하고, 본체 뒤쪽에는 등 커버, 손잡이, 고리를 겹쳐 빨간선 라인을 박아 임시 고정한다.

2. 고리는 리본을 2겹으로 접어 임시 고정하고, 손잡이는 본체나 등 커버와 겉끼리 맞댄다.

5 본체에 속가방을 겹쳐 가방 입구를 박는다

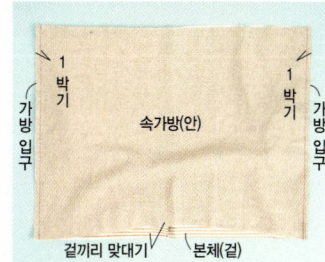

6 가방 입구끼리 맞춰 접는 법을 바꾼다

7 창구멍을 남기고 옆선을 박는다

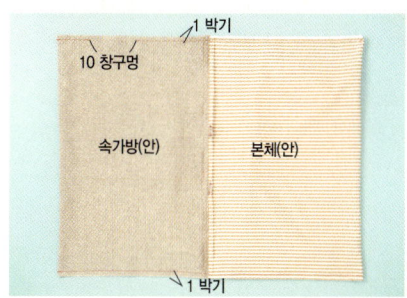

바느질하기 전에 주머니 입구의 시접은 다리미로 갈라 놓는다.

8 겉으로 뒤집어 가방 입구를 박는다

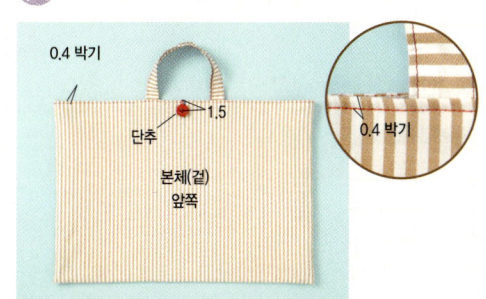

창구멍을 이용하여 겉으로 뒤집은 후 창구멍을 막아준다(P.18 참고). 속가방을 안쪽으로 넣고 가방 입구 주위를 박는다. 단추를 달아주면 완성이다.

완성!

등 커버 넣는 입구를 의자 등에 걸쳐 사용한다. 사용할 때는 손잡이를 안쪽으로 접어 넣고, 단추를 잠가 두면 편리하게 사용할 수 있다.

아플리케 등의 장식에 대하여

리넨테이프에 자수를 놓고 아래쪽에 물결무늬 테이프를 끼워 재봉틀로 박아준다. 오른쪽 끝의 시접은 1cm 안쪽으로 접는다.

펠트는 재단하여(시접을 포함하지 않고) 자른다.

재봉틀의 직선 박기로 끝에서부터 0.2cm 지점을 빙 둘러 박고 펠트를 아플리케한다. 바느질의 시작과 끝은 되돌려박기로 처리한다.

뚜껑 달린 손가방

솜을 넣은 장식을 달아 풍부한 입체감이 포인트인 뚜껑 달린 손가방. 남자아이용은 A4 사이즈로 도구 상자가 딱 들어맞는 크기. 여자아이용은 B4 사이즈의 그림책이 들어가는 가로가 긴 타입이다. 모두 양면을 사용할 수 있는 누빔 원단을 써서 뚜껑과 본체로 겉과 안을 구별하였다.

디자인 ■ 히고 메구미 만드는 법 ■ P.76

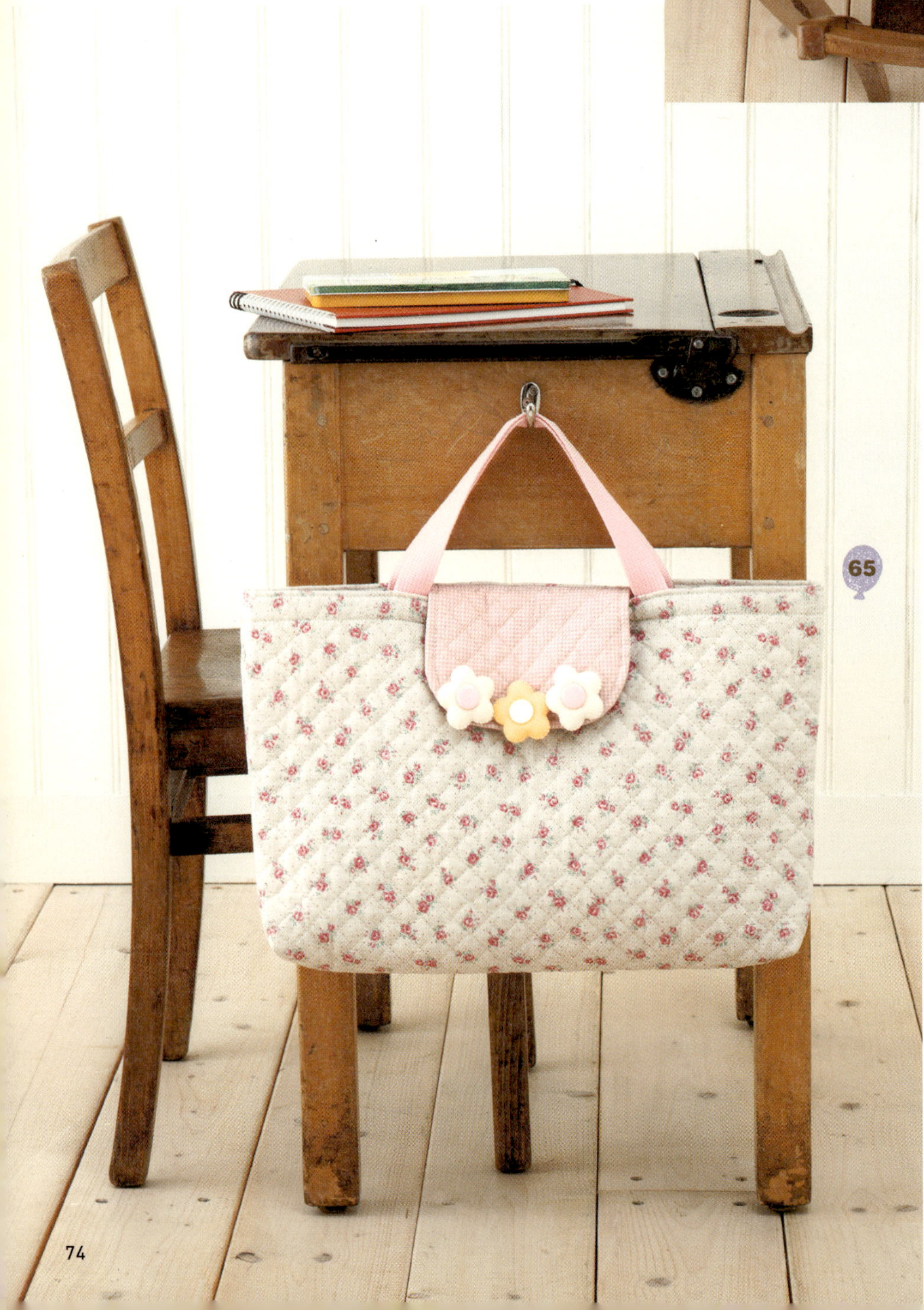

좋아하는 천을
래미네이트 코팅한다

수작업으로 만든 멜빵가방 커버

비 오는 날뿐만 아니라 가방이 낡지 않게 보호할 목적으로 만드는 멜빵가방 커버는 초등생의 주목 아이템! 좋아하는 천을 다리미로 래미네이트 가공할 수 있는 코팅시트를 사용하여 멜빵가방 커버를 만들었다. 여자아이용에는 유광 타입을, 남자아이용에는 무광 타입을 사용했다. 아이들이 좋아하는 무늬를 선택하여 꼭 한번 만들어보자.

디자인 ■이와노 에미코　만드는 법 ■P.93

66

67

🌸 코팅시트 사용법

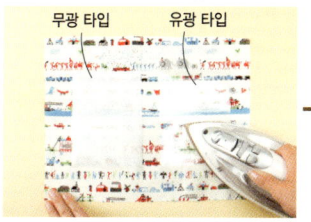

천 표면에 코팅시트 접착 면을 위로 하여 포갠 후 다리미로 다린다.

열이 완전히 식은 후 종이를 벗겨내면 래미네이트 가공 완성.

시침핀을 이용하면 구멍이 뚫리기 때문에 임시 고정용 클립, 물을 튀겨주는 발수 실, 재봉 바늘이나 노루발에 칠해 부드럽게 만들어주는 실리콘 제품도 함께 사용해보자. 그 밖에 노루발과 천 사이에 트레이싱페이퍼를 끼워 재봉한 후 나중에 제거하는 방법이나 테플론 노루발을 사용하는 방법도 있다.

Lesson 15

뚜껑 달린 손가방

★ 펠트 장식의 실물 크기 도안…부록 B면

※레슨에서는 구별하기 쉬운 색의 재봉실을 사용하고 있다.

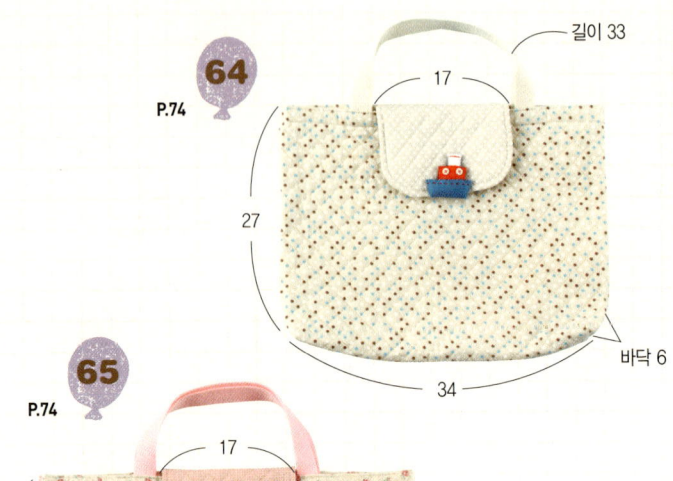

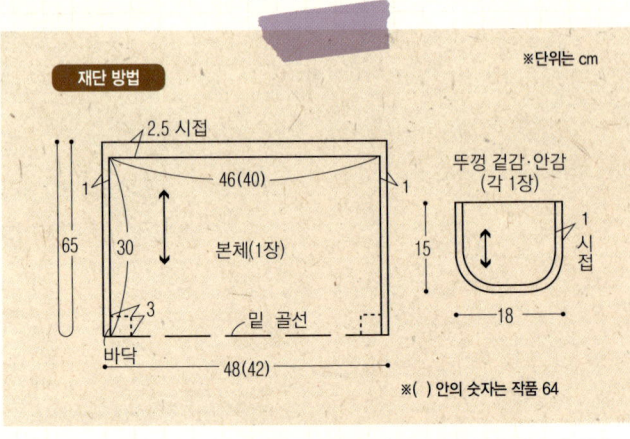

1 천을 재단한다

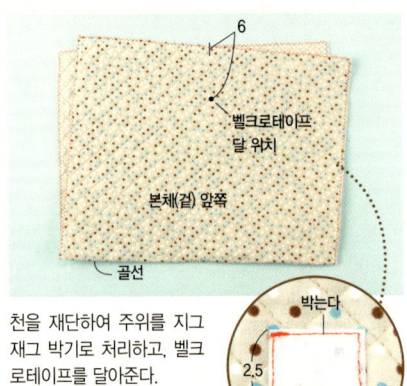

천을 재단하여 주위를 지그재그 박기로 처리하고, 벨크로테이프를 달아준다.

재료

작품 64, 65 공통 1점 분량

본체(뚜껑 겉감, 안감 포함)…양면 누빔 원단
70×70cm(작품 64), 70×75cm(작품 65)
손잡이…폭 2.5cm 웨이빙 끈 76cm
60번 재봉실
벨크로테이프…폭 2.5cm×3cm

작품 64용 장식

펠트…빨간색, 흰색, 파란색 각 적당량
지름 0.7cm 단추 2개
25번 자수실 적당량
솜 약간

작품 65용 장식

펠트…무지색, 연노랑 각 적당량
지름 1.8cm 단추 3개
25번 자수실 적당량
솜 약간

2 뚜껑을 만든다

※뚜껑 겉감, 뚜껑 안감 모두 본체(안)의 무늬를 (겉)으로 사용

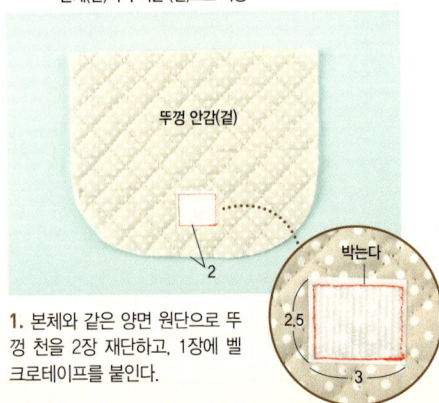

1. 본체와 같은 양면 원단으로 뚜껑 천을 2장 재단하고, 1장에 벨크로테이프를 붙인다.

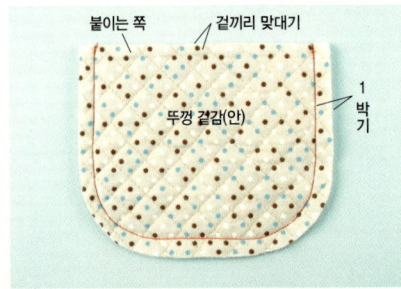

2. 뚜껑 2장을 겉끼리 맞대어 붙일 쪽을 남기고 박아준다.

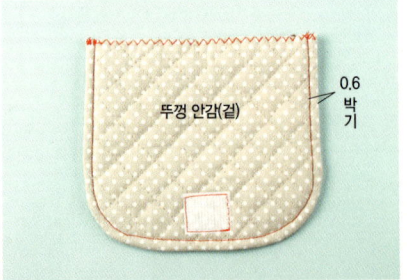

3. 겉으로 뒤집어 다리미로 모양을 정돈하고 박은 후 붙이는 쪽을 지그재그 박기로 처리한다.

3 옆선을 박는다

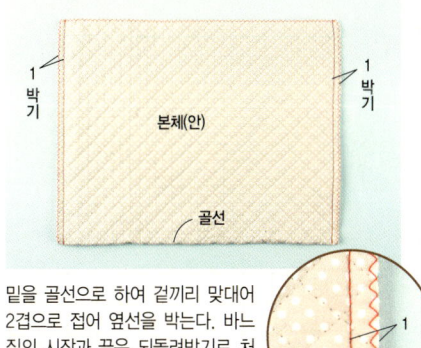

밑을 골선으로 하여 겉끼리 맞대어 2겹으로 접어 옆선을 박는다. 바느질의 시작과 끝은 되돌려박기로 처리한다.

4 본체에 손잡이와 뚜껑을 달아준다

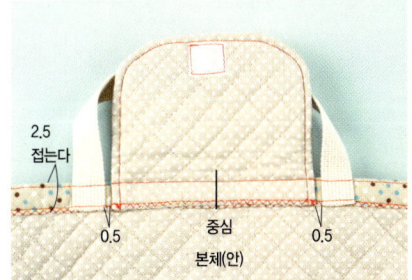

가방 입구의 시접을 2.5cm 접고, 뚜껑과 손잡이도 함께 박으면서 입구 주위를 박는다.

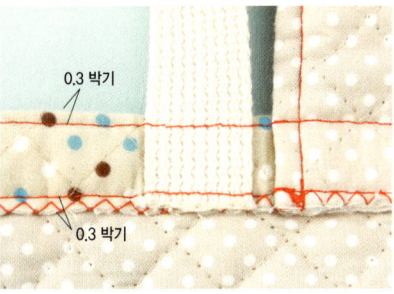

입구 끝에서부터 0.3cm 지점과 시접 끝에서부터 0.3cm 지점을 박는다.

5 바닥을 박는다

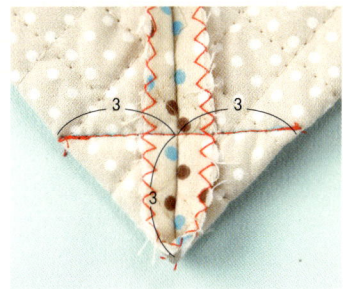

시접을 다리미로 가르고 옆 솔기와 밑 선을 맞춰 각을 잡아 바닥을 박는다.

겉으로 뒤집는다.

본체 완성!

6 펠트 장식을 만든다

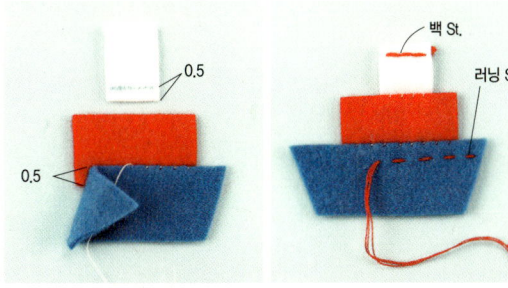

1. 흰색과 빨간색 펠트의 겹치는 부분만 0.5cm 시접을 붙여 자르고, 아플리케하는 방법(세로 감침질)으로 연결한다(P.18 참고).

2. 빨간색 실 3개로 자수를 놓는다.

3. 장식 단추를 달아준다.

4. 안쪽은 펠트를 1장으로 재단하고 3과 맞춰 주위를 감침질(P.18 참고)하고, 안에 솜을 채운다.

5. 뚜껑(겉)에 장식 배를 달아 고정한다.

〈여자아이용〉 펠트를 재단하여 자르고(겉과 안은 동일), 주위를 박아 솜을 채운다. 중심에 단추를 달고 나서 뚜껑에 달아준다.

즐거운
쿠킹 타임을 위한

앞치마 3종 세트

큰 주머니가 달린 간단하게 만드는 앞치마와 팔토시, 삼각두건 세트. 작품 68~70은 옅은 하늘색의 아이들이 좋아하는 무늬가 있고, 작품 71~73의 분홍색 여자아이용은 리본테이프를 포인트로 장식했다. 작품 74~76의 남자아이용은 주머니에 태그를 끼워 심플하게 마무리했다. 목에 거는 끈은 어린이의 키에 맞춰 길이를 조절한다.

디자인 마쓰노 요코 만드는 법 P.94

미술 가운

종이본 하나로 만드는

헝겊으로 만드는 귀여운 패치워크의 미술 가운. 사이즈는 키 100, 110cm의 아이가 입을 수 있도록 원 사이즈로 낙낙하게 만들었다. 앞뒤가 같은 소매가 달린 본체 2장을 재단하여 옆과 소매 상하를 박기만 하면 되는 간단한 작업이다.

디자인 ■ 보시 치아키 만드는 법 ■ P.80

Lesson 16

미술 가운

★실물 크기 도안…부록 B면

77 P.79

78 P.79

※레슨에서는 구별하기 쉬운 색의 재봉실을 사용하고 있다.

재단 방법

※주머니는 시접을 포함한 접착심을 재단하고, 그 위에 천을 박는다.

고무 길이의 표준
목둘레…52cm 정도
소매 입구…각 19cm 정도
※마지막에 고무줄을 넣는다. 길이는 조절해준다.

재료

작품 77, 78 공통 1점 분량
겉감…물방울무늬 목면 120×110cm
고무줄…폭 0.5cm×110cm
60번 재봉실
주머니, 파이핑용
무지나 체크 등의 각종 천
접착심…남자아이용=25×20cm
여자아이용=35×15cm

1 옷판 2장을 재단하여 (P.17 참고), 겉끼리 맞대어 박는다

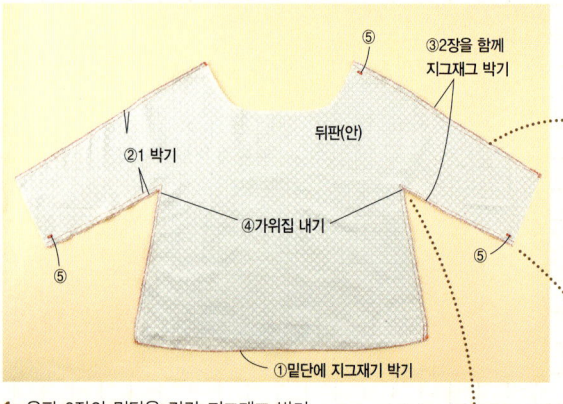
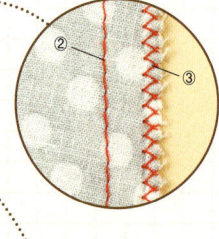
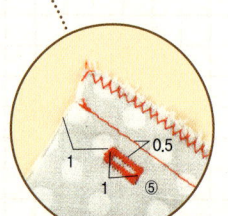

1. 옷판 2장의 밑단을 각각 지그재그 박기로 마무리한다.
2. 옷판 2장을 겉끼리 맞대어 소매 상단을 박고, 소매 하단부터 옆, 밑단까지 계속해서 박는다.
3. 2의 시접 2장을 함께 지그재그 박기로 처리하고 시접은 뒤쪽으로 넘긴다.
4. 겨드랑이에 가위집을 낸다.
5. 목둘레 한 곳, 소매 입구의 좌우 한 곳에 고무줄을 넣기 위한 단춧구멍을 뚫는다.

재봉틀로 단춧구멍을 만들고 입구를 실뜯개를 이용하여 구멍을 뚫는다.

2 밑단을 접어 올려 박는다

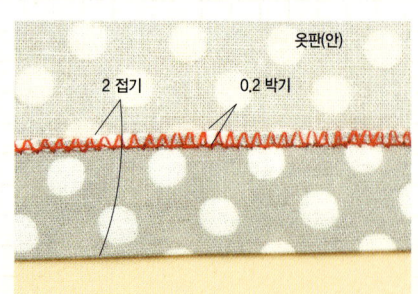

시접을 2cm 접어 올려 끝에서부터 0.2cm 지점을 박는다.

3 천 조각을 박아 파이핑 천을 만든다

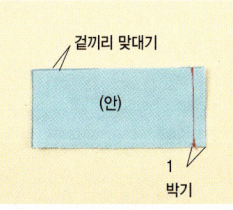
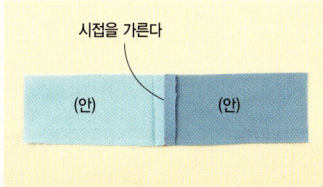
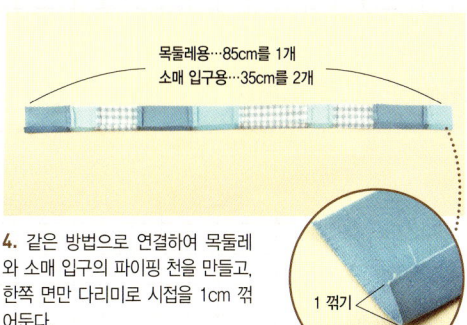
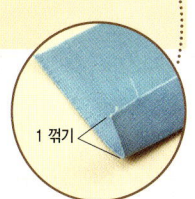

1. 4.5cm 폭의 천을 5.5~11cm 길이로 여러 장 자른다.
2. 천 2장을 겉끼리 맞대어 끝에서부터 1cm 지점을 박는다.
3. 시접을 다리미로 가른다.
4. 같은 방법으로 연결하여 목둘레와 소매 입구의 파이핑 천을 만들고, 한쪽 면만 다리미로 시접을 1cm 꺾어둔다.

4 옷의 목둘레와 소매 입구에 파이핑 천을 박는다

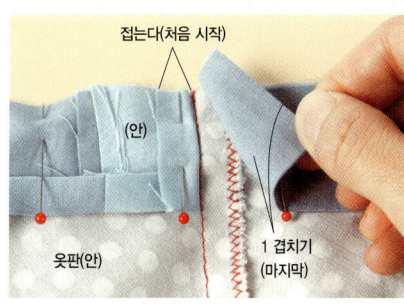
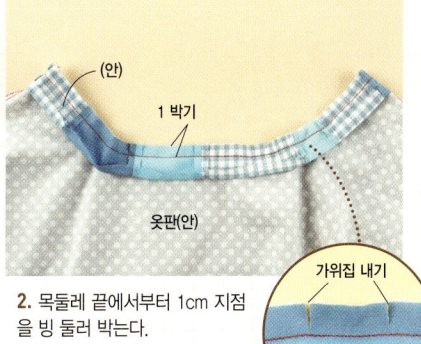
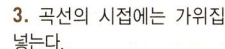
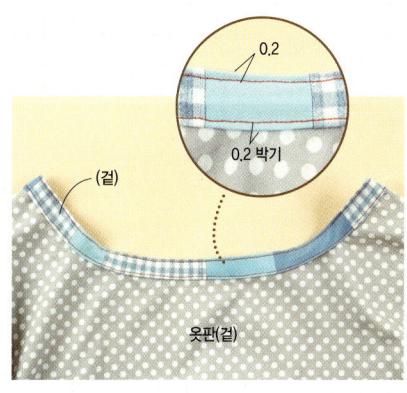

1. 옷판(안)의 목둘레에 파이핑 천 끝(시접을 접지 않는 쪽)을 정돈하여 시침핀으로 고정한다. 처음 시작은 1cm 접고, 마지막은 1cm 겹쳤다면 여분은 잘라낸다.
2. 목둘레 끝에서부터 1cm 지점을 빙 둘러 박는다.
3. 곡선의 시접에는 가위집을 넣는다.
4. 겉으로 뒤집어 다리미로 모양을 정돈하고 끝에서부터 0.2cm 지점을 박는다. 소매 입구도 같은 방법으로 처리한다.

5 주머니를 만들어 옷판에 달아준다

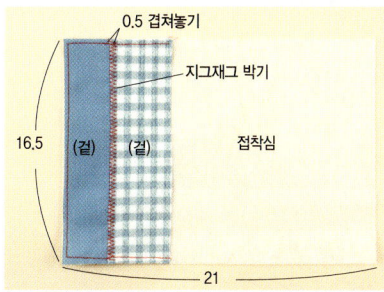
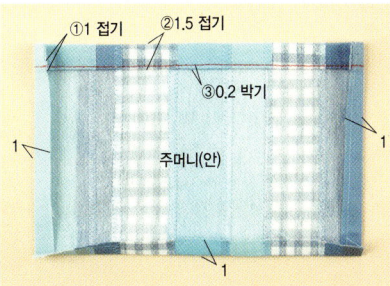

1. 접착심을 시접을 포함한 치수로 재단하여 접착면 위에 재단한 천을 순서대로 겹쳐 지그재그 박기로 눌러주고 마지막으로 다리미로 접착시킨다.
2. 주머니 입구의 시접을 1cm 접은 후 다시 1.5cm 접어 3겹으로 접어 박는다. 남은 3변의 시접을 다리미로 1cm 접는다.
3. 앞판의 주머니를 달 위치(종이본에서 복사한다)에 겹쳐 끝을 박는다.

〈여자아이용〉 1~3과 같은 방법으로 만든다. 곡선 부분은 시접에 홈질을 하고 실을 당기면서 다리미로 모양을 정돈해주면 깔끔하게 마무리할 수 있다.

비치백 & 랩타월

나일론 원단은 재봉틀로 재봉하기가 쉽고, 비치백으로 추천할 만한 소재. 가방 입구가 벌어져 미덥지 않을 때는 스냅단추나 벨크로테이프를 달아도 좋다. 비치용 랩타월은 고무줄을 넣은 부분과 앞부분을 다른 천으로 만든 것이 포인트다.

디자인■마쓰노 요코 만드는 법■작품 79·81=P.96, 작품 80=P.97

에코백 & 고양이 수납 케이스

에코백은 1장의 천으로 간단하게 만들 수 있다. 고양이 수납 케이스는 고리가 달려 있어 멜빵가방에 걸어 상비해두면 갑자기 가져갈 물건이 많아졌을 때 요긴하게 사용할 수 있다.

디자인 히고 메구미 만드는 법 P.98

비 오는 날도 OK!

곰 장식의 작은 배낭

비가 오고 짐이 많은 날에 방수 기능이 있는 원단으로 만든 작은 배낭. 초등학생은 멜빵가방을 사용하기 때문에 비스듬히 걸치는 타입을 추천한다. 이런 형태라면 양손으로 우산을 들 수 있어 더욱 편리하다.

디자인 히고 메구미 만드는 법 P.99

래미네이트 가공 원단에 아플리케는 어려운 작업이라 곰을 옆에 끼우는 식으로 작업했다.

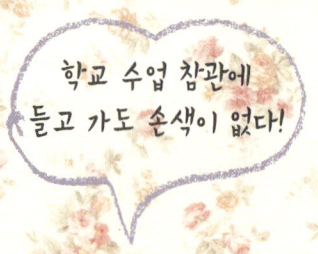
학교 수업 참관에
들고 가도 손색이 없다!

엄마를 위한 슬리퍼 & 가방

아이의 학교 수업 참관 시 필수 아이템인 슬리퍼. 구색을 맞춘 슬리퍼용 케이스와 가방도 손수 만들어보자. 때가 타도 집에서 박박 문질러 세탁할 수 있도록 모두 튼튼한 리넨을 사용했다. 슬리퍼 안쪽에는 손잡이와 같은 빨간색 리넨을 배합했다.

디자인 ■보시 치아키 만드는 법 ■작품 85·86=P.85, 작품 87=P.86

P.84

엄마를 위한 슬리퍼, 슬리퍼 케이스

★실물 크기 도안…부록 B면

재료 슬리퍼

발등 겉감…보더 리넨 15×36cm,
발등 안감, 바닥 겉감(바이어스 천 포함)…리넨 100×45cm,
바닥 안감…빨간색 리넨 30×25cm,
접착심(두꺼운 천)…30×45cm, 압축솜…30×45cm, 영자 테이프 적당량

만드는 법

1. 각 파트를 재단(시접 없이)하여 자르고, 겉감, 압축솜, 접착심을 붙인 안감을 안끼리 맞대어 어긋나지 않도록 주위를 박는다. 발등(왼쪽)에 영자 테이프를 달아준다(종이 도안 참고).
2. 발등의 상하를 파이핑한다.
3. 바닥에 발등을 맞춰 주위를 파이핑한다.
※파이핑 : 바이어스 천으로 천 끝을 감싸서 처리하는 것

재료 슬리퍼 케이스

본체(바이어스 천 포함)…보더 리넨 110×60cm, 안감…빨간색 리넨 60×30cm,
접착심…60×50cm, 지름 2.2cm 단추 1개, 영자 테이프 적당량

만드는 법 도안 참고

작품 86 슬리퍼

※각 파트의 겉감·안감·압축솜·접착심(두꺼운 천) 각 1장 재단한다.

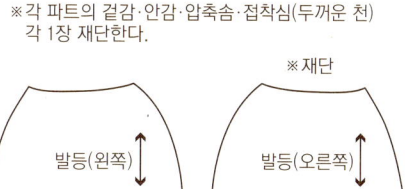

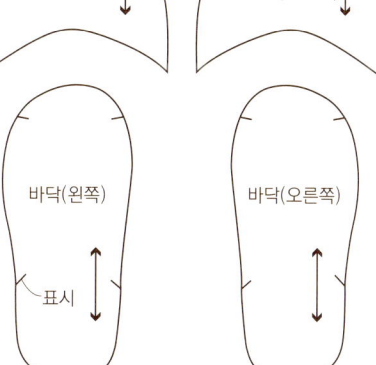

※안감에 접착심(두꺼운 천)을 붙인다.

1. 각 파트를 임시 고정

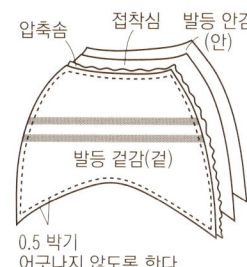

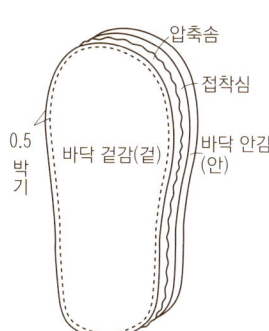

2. 발등을 파이핑한다

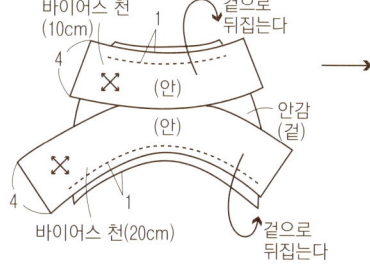 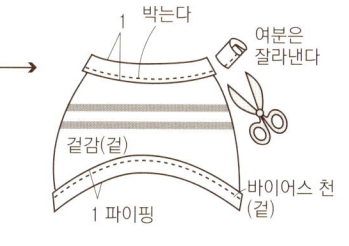

3. 바닥에 발등을 겹쳐 파이핑을 한다

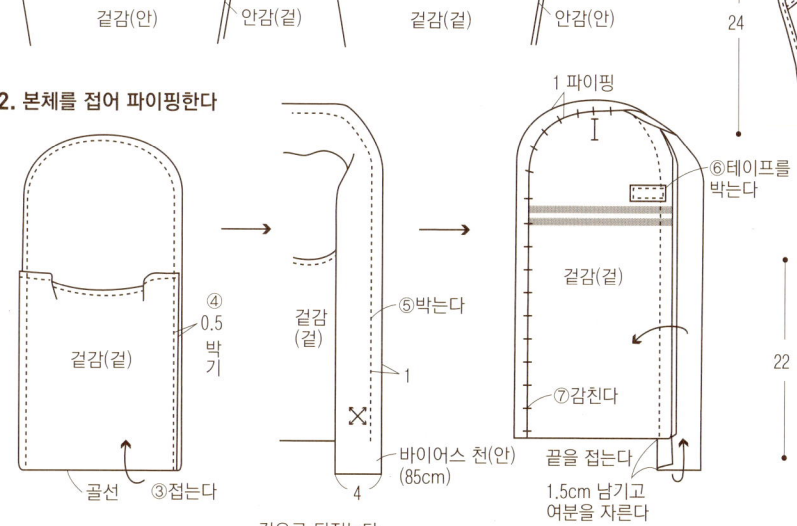

작품 85 슬리퍼 케이스 본체

1. 주머니 입구를 박는다

2. 본체를 접어 파이핑한다

완성 그림

P.84

엄마를 위한 가방

재료

본체…보더 리넨 80×35cm
손잡이용 천…빨간색 리넨 110×25cm
속가방…무지 80×35cm
접착심…110×60cm
영자 테이프 적당량

만드는 법

1. 손잡이에 접착심을 붙이고, 4겹으로 접어 박는다.
2. 본체에 접착심을 붙여 손잡이를 겹쳐 박는다. 이것을 2개 만든다.
3. 본체 2개를 겉끼리 맞대어 옆과 밑을 박는다.
4. 바닥을 박는다.
5. 속가방을 본체와 같은 방법으로 만든다. 창구멍을 남겨둔다.
6. 본체와 속가방을 겉끼리 맞대어 가방 입구를 박는다.
7. 겉으로 뒤집어 창구멍을 막고, 가방 입구를 박는다.

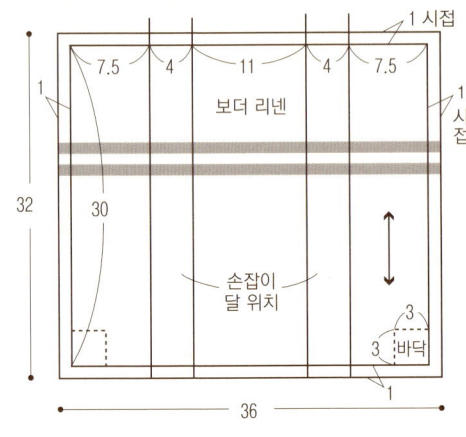

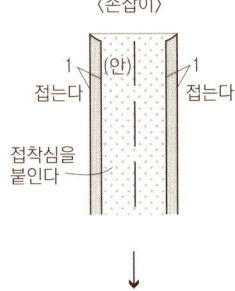

1. 손잡이를 만든다

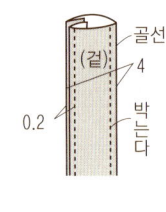

2. 손잡이를 단다

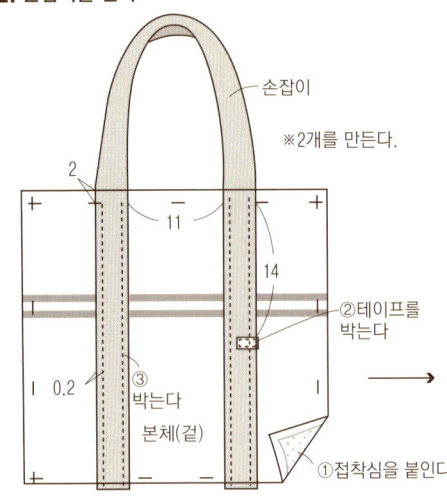

3. 본체 2장을 겉끼리 맞대어 박는다

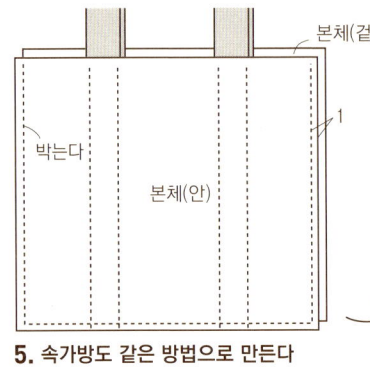

4. 바닥을 박는다

5. 속가방도 같은 방법으로 만든다

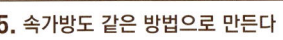

6. 가방 입구를 박는다

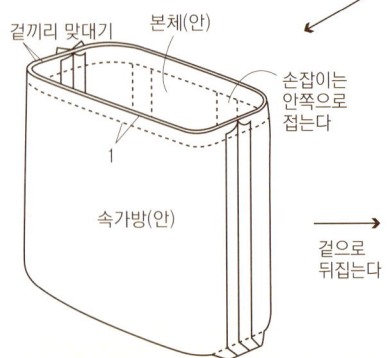

7. 가방 입구를 박는다

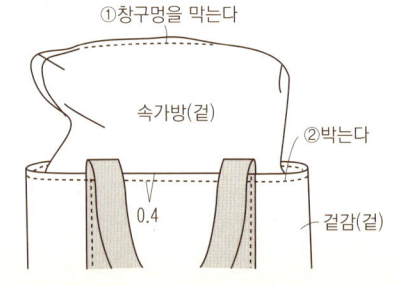

완성 그림

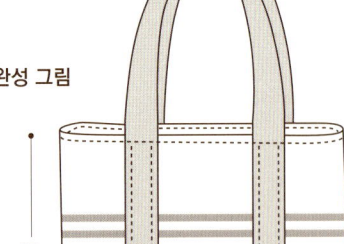

P.62 56 57

피리와 하모니카 주머니

★아플리케, 자수 실물 크기 도안…부록 A면

재료

피리 주머니
겉감…격자무늬 85×15cm
테이프…폭 0.7cm×22cm
둥근 끈…두께 0.5cm×50cm

하모니카 주머니
겉감…격자무늬 55×15cm
테이프…폭 0.7cm×24cm
둥근 끈…두께 0.5cm×60cm

공통
지름 2.3cm 단추 1개
아플리케용 천…펠트 적당량
25번 자수실 적당량

만드는 법 공통

1. 겉감에 테이프 2개를 겹쳐 박아 주위를 지그재그 박기로 처리한다. 아플리케와 자수를 하고 단추를 단다.
2. 겉감을 겉끼리 맞대어 2겹으로 접어, 옆을 트임 끝까지 박는다.
3. 트임 구멍을 박고 주머니 입구를 3겹으로 말아 박는다.
4. 끈을 넣는다.

작품 57 하모니카 주머니 겉감(1장)

작품 56 피리 주머니 겉감 (1장)

1. 아플리케와 자수를 하고 천 끝을 처리한다

2. 2겹으로 접어 옆선을 재봉한다

3. 트임 구멍을 박는다

4. 끈 2개를 넣는다

완성 그림 〈하모니카 주머니〉

완성 그림 〈피리 주머니〉

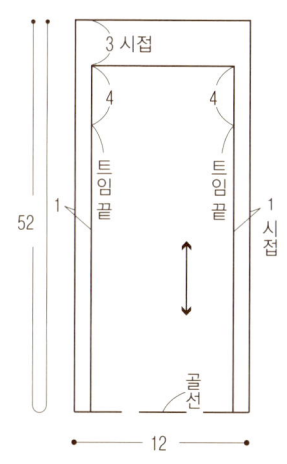

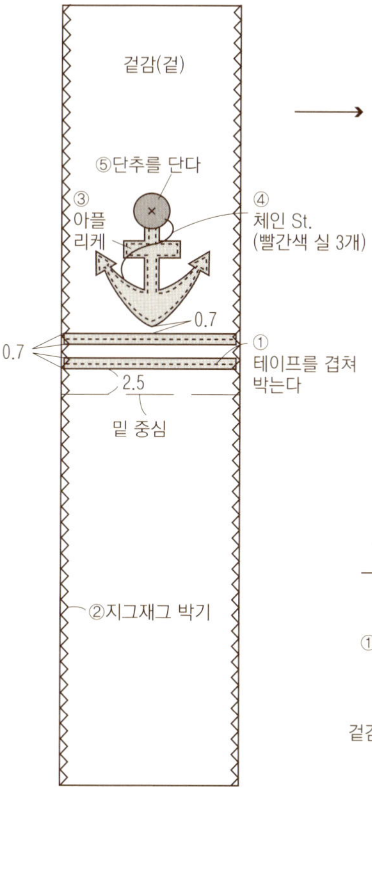

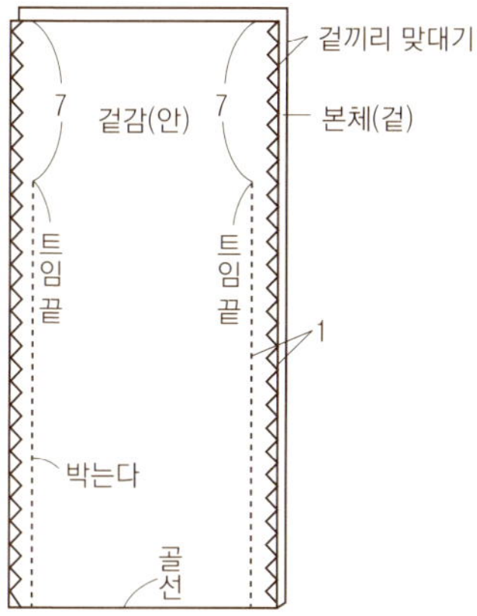

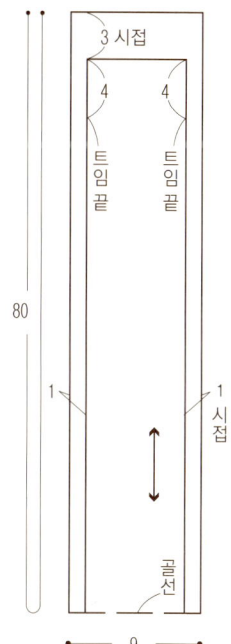

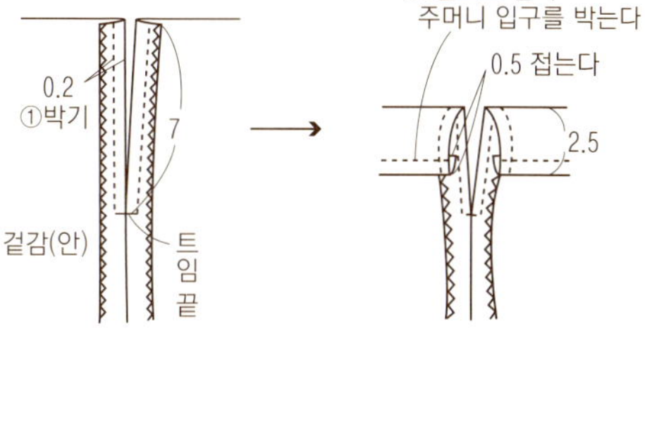

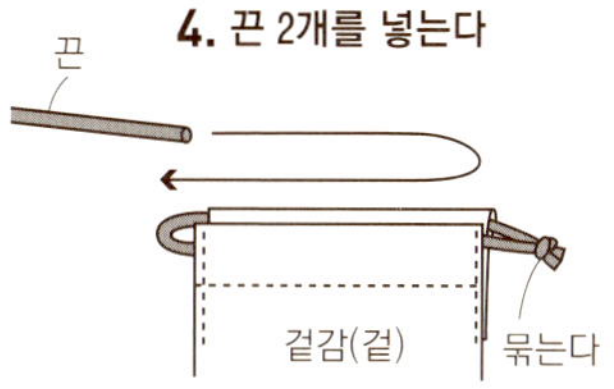

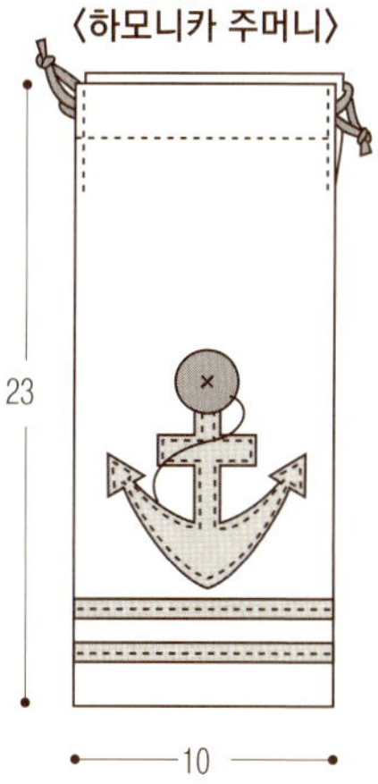

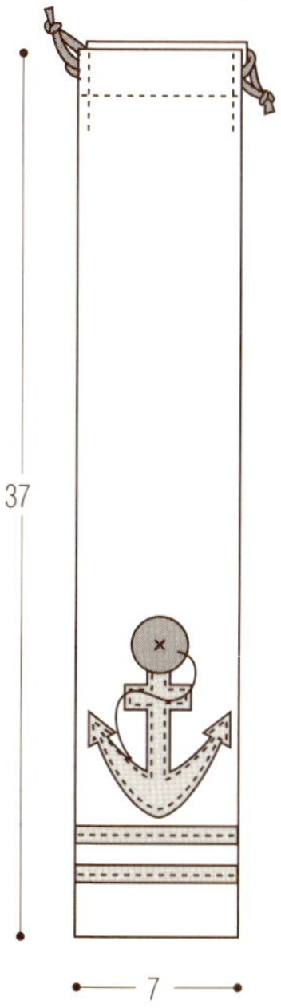

7~12

P.32·33

입학 준비물 3종 세트
변형 A

★아플리케, 자수 실물 크기 도안…부록 A면

재료

손가방 (공통)
본체…누빔 원단 65×45cm, 밑 천…프린트 35×45cm, 손잡이…폭 2.5cm 웨이빙 끈 64cm, 폼폼(구슬 레이스)…폭 1cm×85cm, 여자아이용 장식 : 펠트, 25번 자수실 각 적당량

옷가방 (공통)
본체…프린트 75×35cm, 둥근 끈…두께 0.5cm×160cm, 남자아이용 장식 : 지름 0.4cm 나무구슬 1개, 펠트, 25번 자수실 각 적당량

실내화 주머니 (공통)
본체…누빔 원단 65×25cm, 밑 천…프린트 30×25cm, 손잡이…폭 2.5cm 웨이빙 끈 35cm, 벨크로테이프…폭 2.5cm×5cm, 폼폼…폭 1cm×45cm

만드는 법 P.26~31 참고

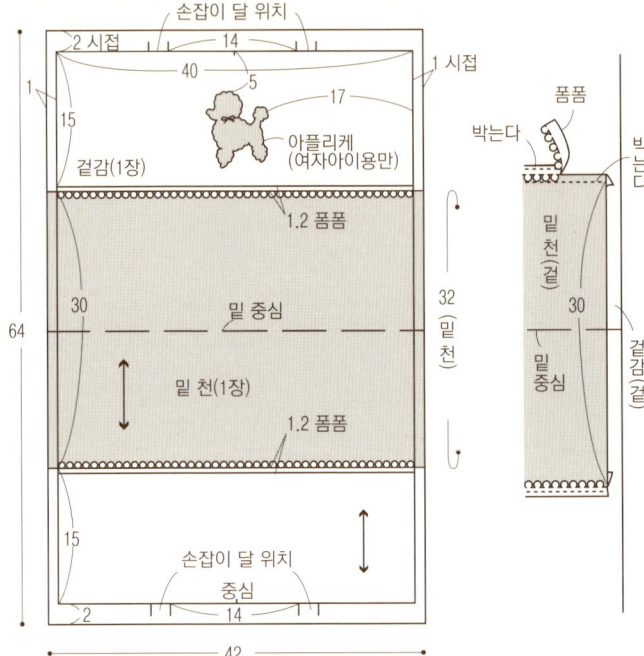

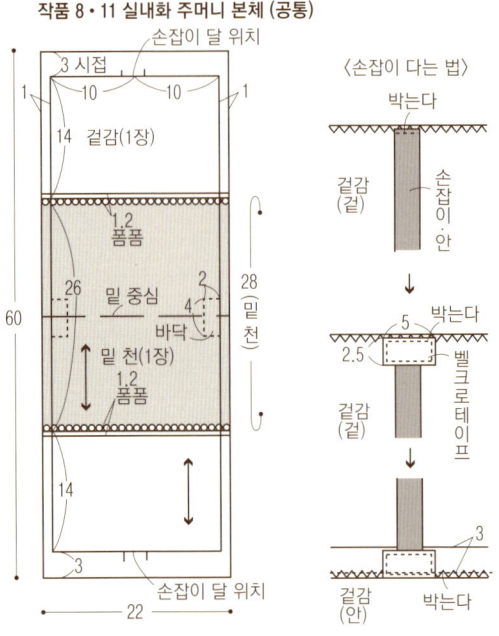

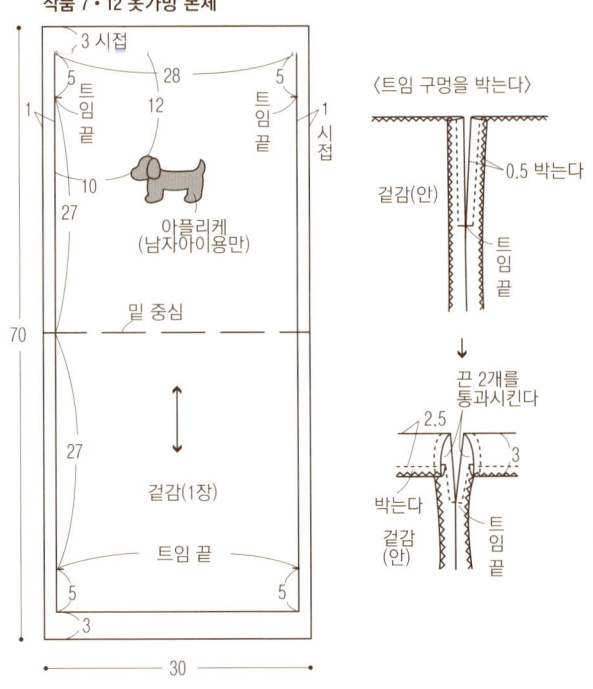

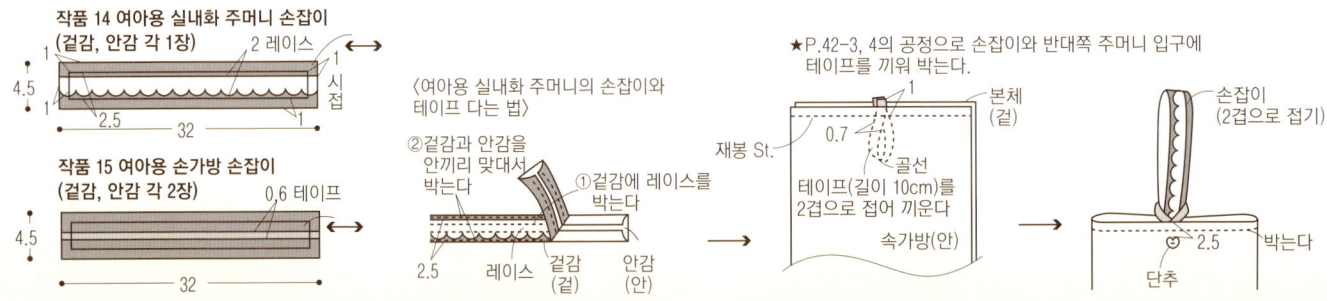

P.34·35

입학 준비물 3종 세트 변형 B

재료

손가방
남자 : 본체…C 50×45cm · B 25×30cm · A 25×20cm, 속가방…65×45cm, 손잡이…폭 2.5cm 웨이빙 끈 64cm, 테이프…폭 0.6cm×54cm, 지름 1.2cm 단추 2개
여자 : 본체…C(손잡이 안감 포함) 65×45cm · A 30×30cm · B(손잡이 겉감 포함) 35×40cm, 속가방…65×45cm, 레이스…폭 2cm×34cm, 테이프…폭 0.6cm×64cm, 지름 1.5cm 하트형 단추 1개

옷가방 주머니
남자 : 본체…C 55×35cm · B 30×25cm · A 30×15cm , 둥근 끈…두께 0.5cm×180cm, 테이프…폭 0.6cm×44cm, 지름 1.2cm 단추 2개
여자 : 본체…C 50×35cm · A 30×25cm · B 30×15cm, 레이스…폭 2cm×24cm, 테이프(끈용)…0.6×180cm, 지름 1.5cm 하트형 단추 1개

실내화 주머니
남자 : 본체…B 50×25cm · A 20×25cm, 속가방…60×25cm, 손잡이…폭 2.5cm 웨이빙 끈 39cm, 테이프…폭 0.6cm×44cm, 지름 1.2cm 단추 2개, D링…안쪽 지름 2.5cm 1개
여자 : 본체…A(손잡이 안감 포함) 45×30cm, B 20×25cm, 속가방…60×25cm, 손잡이 겉감…35×5cm, 레이스…폭 2cm×32cm, 테이프…폭 0.7cm×10cm, 지름 1.8cm 하트형 단추 1개

만드는 법
1. 본체 ABC를 시접 각 1cm로 재단한다(작품 13, 18의 주머니 입구만 3.5cm).
2. 본체를 ABC 순으로 겉끼리 맞춰 박는다. 시접은 가른다. 그다음은 P.38~43 참고.

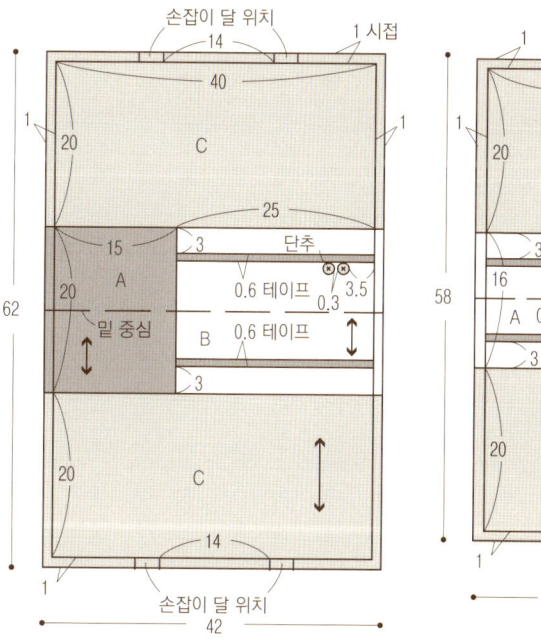

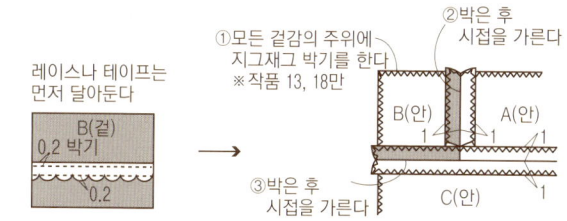

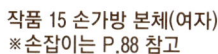

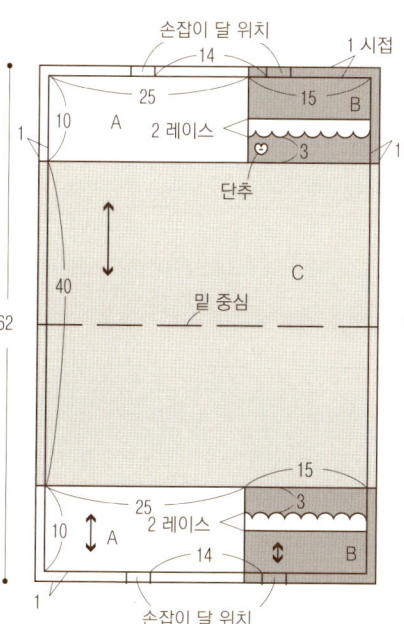

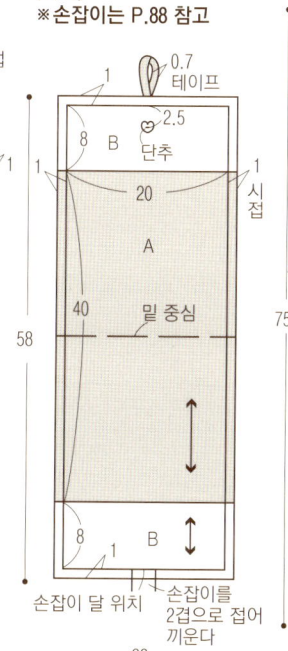

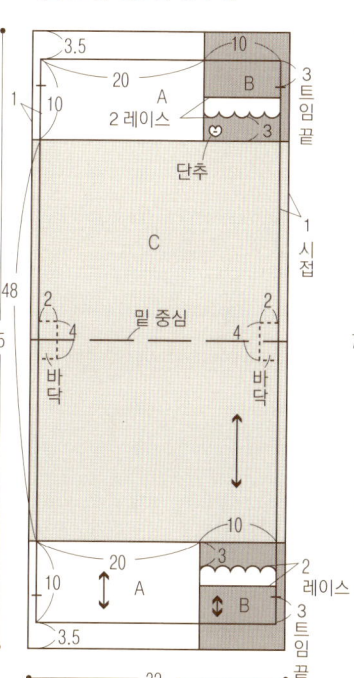

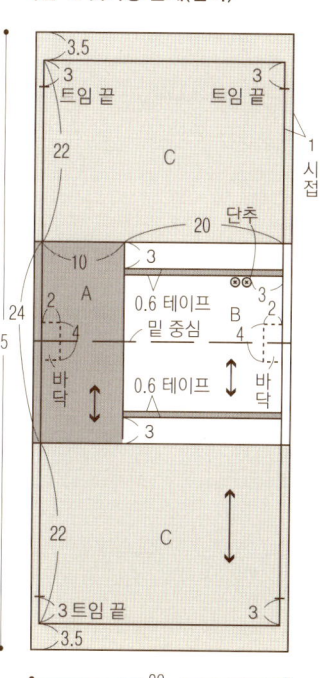

P.46·47

런치 용품 변형 A

★아플리케, 자수 실물 크기 도안…부록 B면

재료

런치백 (공통)
겉감…프린트 60×35cm, 손잡이…폭 2.5cm 웨이빙 끈 60cm, 여자아이용 장식 : 레이스…폭 1cm×5cm, 지름 1.5cm 딸기형 단추 1개, 남자아이용 장식 : 지름 1.8cm 사과형 단추 1개

테이블 매트 (공통)
겉감…목면 35×45cm, 절개 천…프린트 15cm×45cm, 안감…목면 35×45cm, 여자아이용 장식 : 지름 1.5cm 딸기형 단추 1개, 남자아이용 장식 : 지름 1.8cm 사과형 단추 1개

컵 주머니 (공통)
겉감…목면 50×20cm, 둥근 끈…두께 0.5cm×100cm, 장식 구슬 2개

도시락 주머니 (공통)
겉감…목면 50×30cm, 밑 천…프린트 30×30cm, 둥근 끈…두께 0.5cm×130cm, 장식 구슬 2개, 남자아이용 장식 : 지름 0.4cm 나무 구슬 5개

공통
아플리케용 천…펠트 각 색깔별 적당량
25번 자수실 각 색깔별 적당량

만드는 법 P.50~55 참고

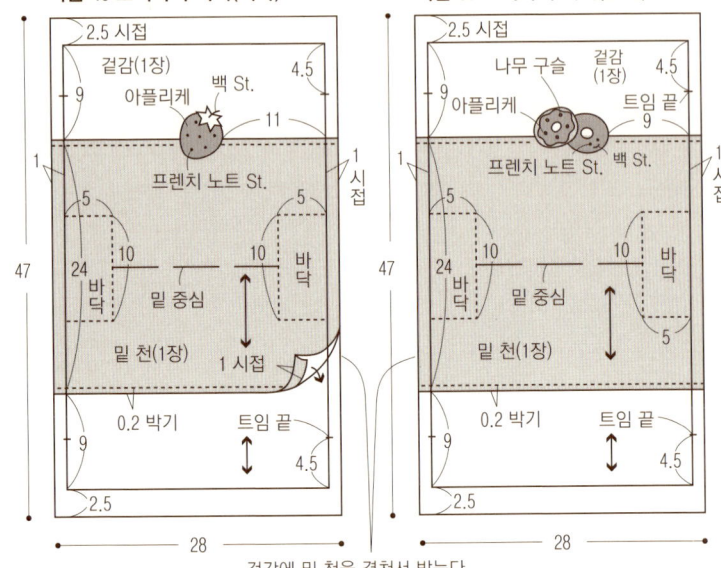

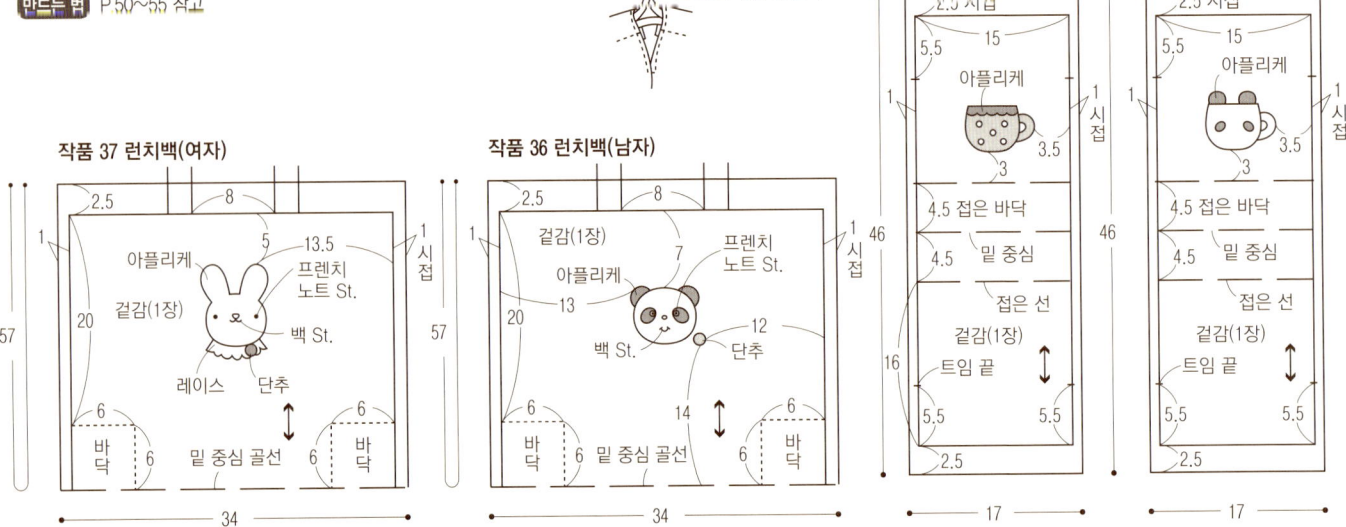

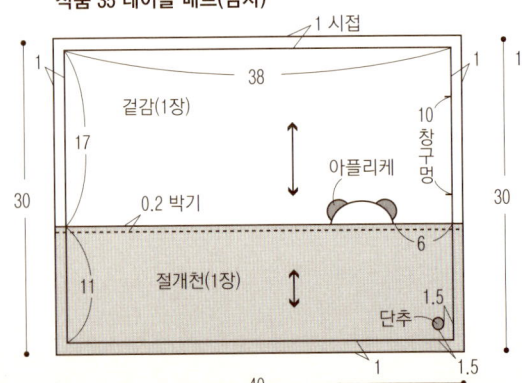

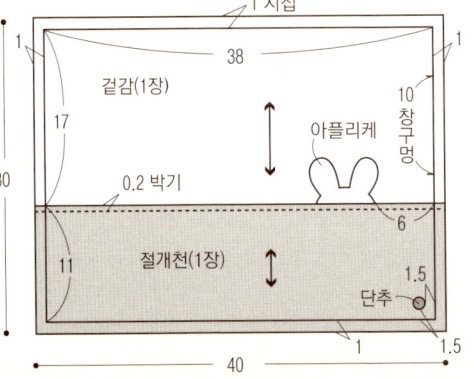

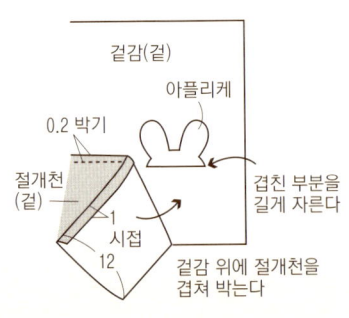

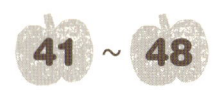

P.48・49

41 ~ 48

런치 용품 변형 B

★아플리케, 자수 실물 크기 도안…부록 B면

재료

런치백

겉감…(여자아이용) 꽃무늬 프린트 60×35cm · 절개천…하늘색 물방울무늬 20×35cm, (남자아이용) 스트라이프 60×35cm, 손잡이…폭 2.5cm 웨이빙 끈 60cm, 여자아이용 장식 : 레이스…폭 1.2cm ×68cm · 폭 0.6cm×6cm

테이블 매트

겉감…(여자) 꽃무늬 프린트 35×45cm, (남자) B 스트라이프 25×20cm · C 무지천 30×25cm · A 하늘색 무지 10×20cm, 안감…목면 35×45cm, 여자아이용 장식 : 레이스…폭 1.2cm×40cm

컵 주머니

겉감…(여자) 하늘색 물방울 50×20cm, (남자) 하늘색 무지 50×20cm, 둥근 끈…두께 0.3cm× 90cm

도시락 주머니

겉감…(여자) 꽃무늬 프린트 50×30cm, (남자) 스트라이프 50×30cm, 둥근 끈…두께 0.3cm× 120cm

공통

아플리케용 천…목면, 펠트 각 색깔별 적당량

25번 자수실 각 색깔별 적당량

만드는 법 P.50~55 참고

작품 41 컵 주머니(여자)

작품 45 컵 주머니(남자)

작품 43 런치백(여자)

작품 46 런치백(남자)

작품 44 도시락 주머니(여자)

작품 42 테이블 매트(여자)

작품 48 (남자)

작품 47 도시락 주머니(남자)

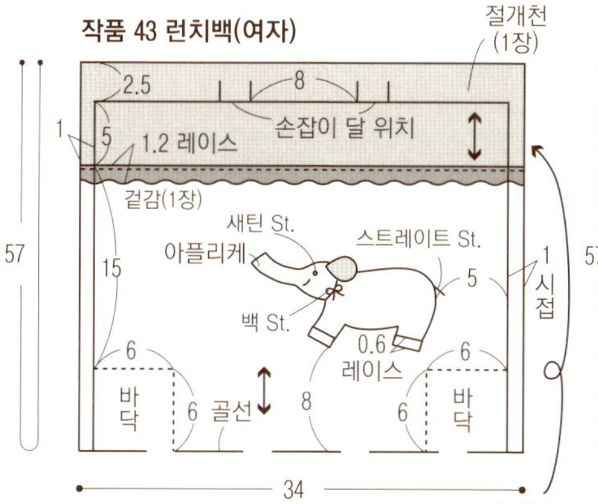

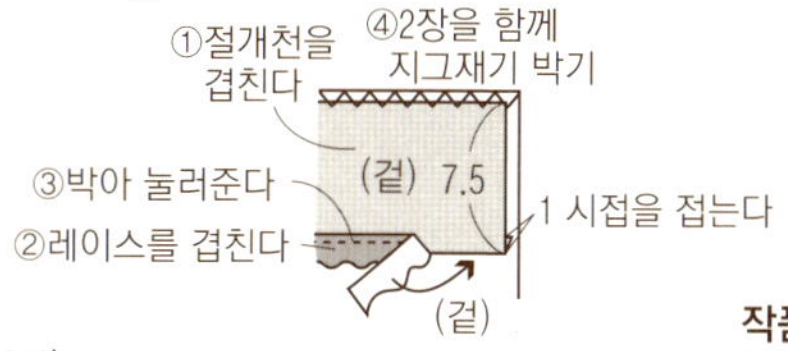

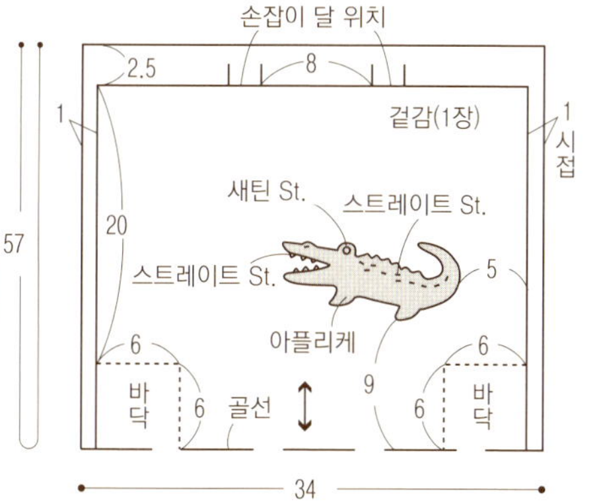

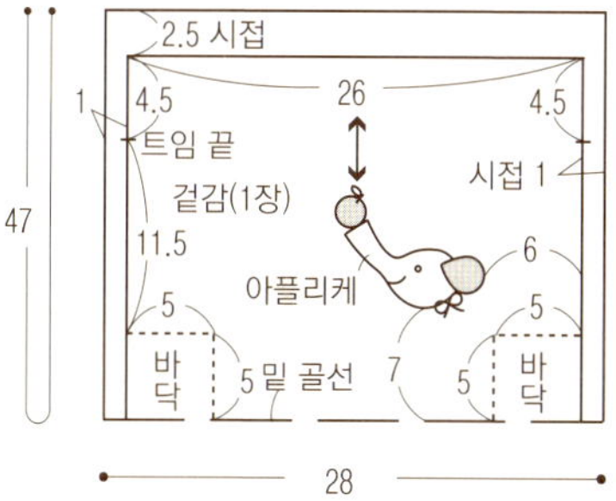

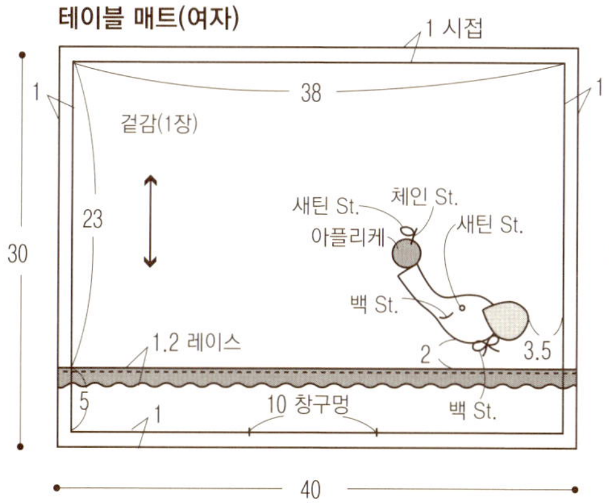

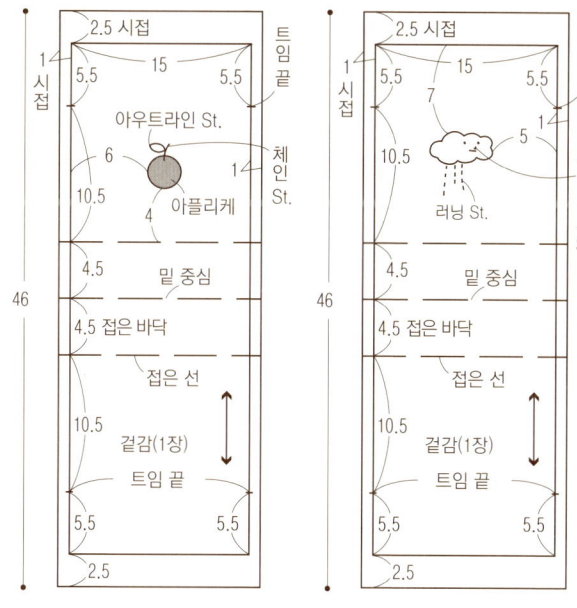

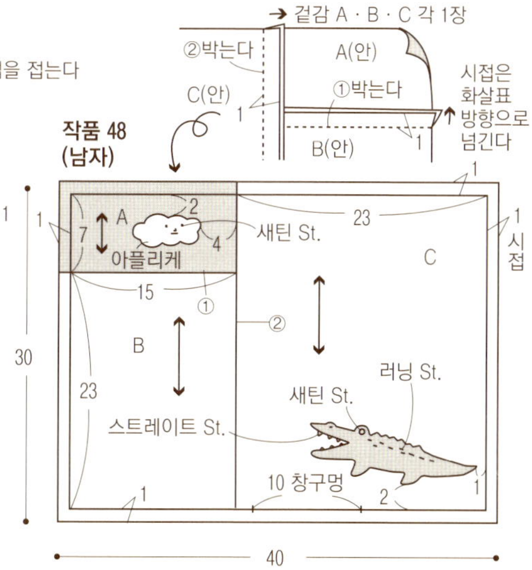

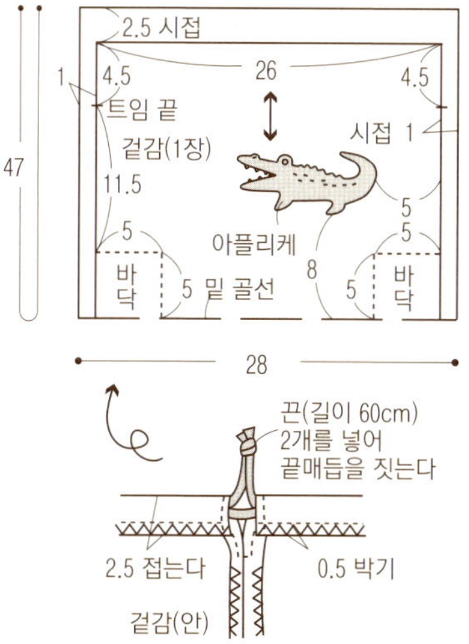

P.62

알림장 커버

★아플리케, 자수 실물 크기 도안…부록 A면

재료

겉감…A 체크 20×45cm, B 데님 10×45cm
안감…빨간색 프린트 25×45cm
아플리케용 천…펠트 각 색깔별 적당량
25번 자수실 각 색깔별 적당량

만드는 법

1. 겉감 A, B를 이어 붙여 아플리케와 자수를 한다.
2. 겉감과 안감을 겉끼리 맞대어 창구멍을 남기고 주위를 박는다.
3. 겉으로 뒤집어 양 끝을 박는다.
4. 양 끝에서부터 5cm 지점을 안쪽으로 접고, 상하단을 박는다.

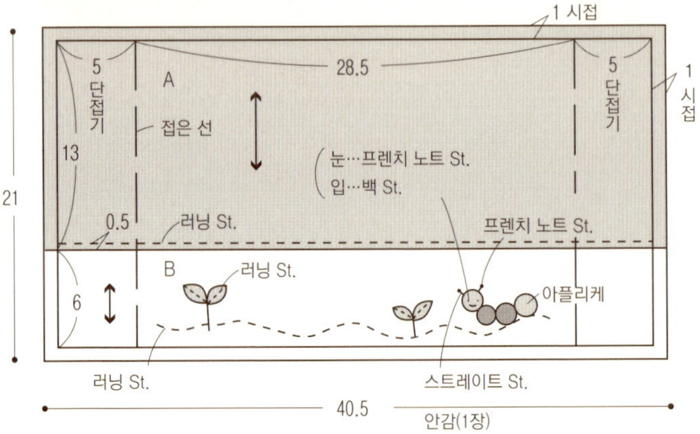

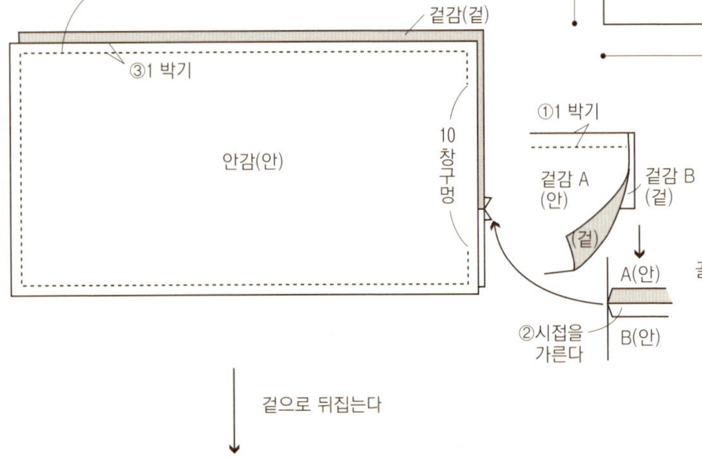

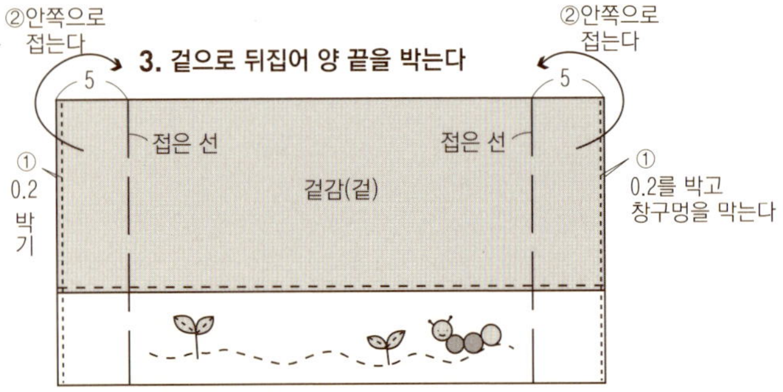

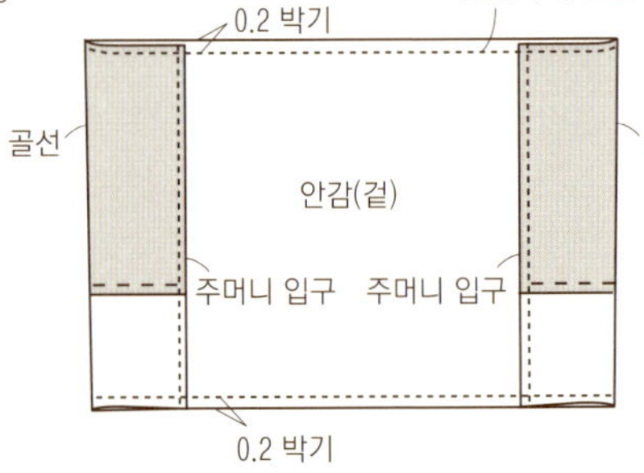

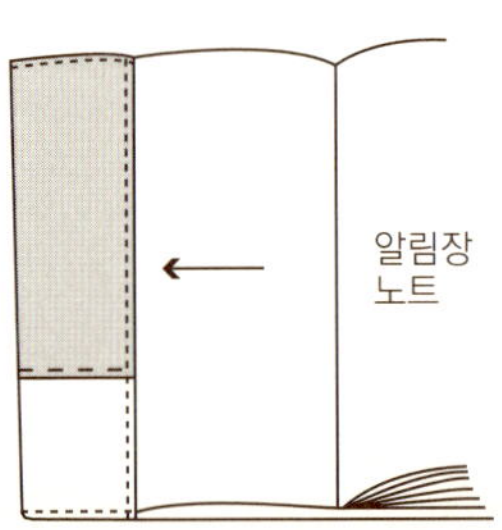

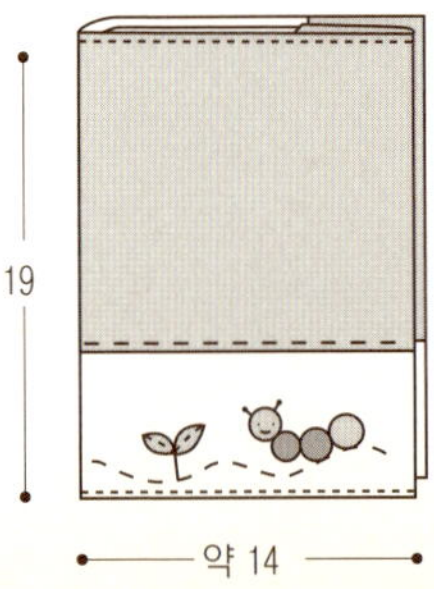

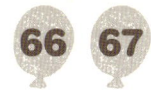

P.75 66 67

멜빵가방 커버

재료

본체…(여자아이용) 분홍색 꽃무늬 프린트 60×30cm
(남자아이용) 비행기·자동차 등의 프린트 60×30cm
코팅 시트…60×30cm
나일론 바이어스테이프…폭 4cm×180cm(※양 끝이 1cm씩 접힌 기성품 사용)
고무테이프…폭 1cm×52cm
둥근 끈…두께 0.3cm×30cm

만드는 법

1. 프린트 천을 다리미로 래미네이트 처리를 하고, 본체와 안단을 재단한다.
2. 본체 상단에 끈을 끼우고, 파이핑을 한다.
3. 안단의 시접을 접어 박고, 아래쪽의 곡선 부분을 파이핑한다.
4. 본체와 안단을 안끼리 맞대어 고무테이프를 끼워 주위를 파이핑한다.

※파이핑 : 바이어스 천으로 천 끝을 감싸서 처리하는 것

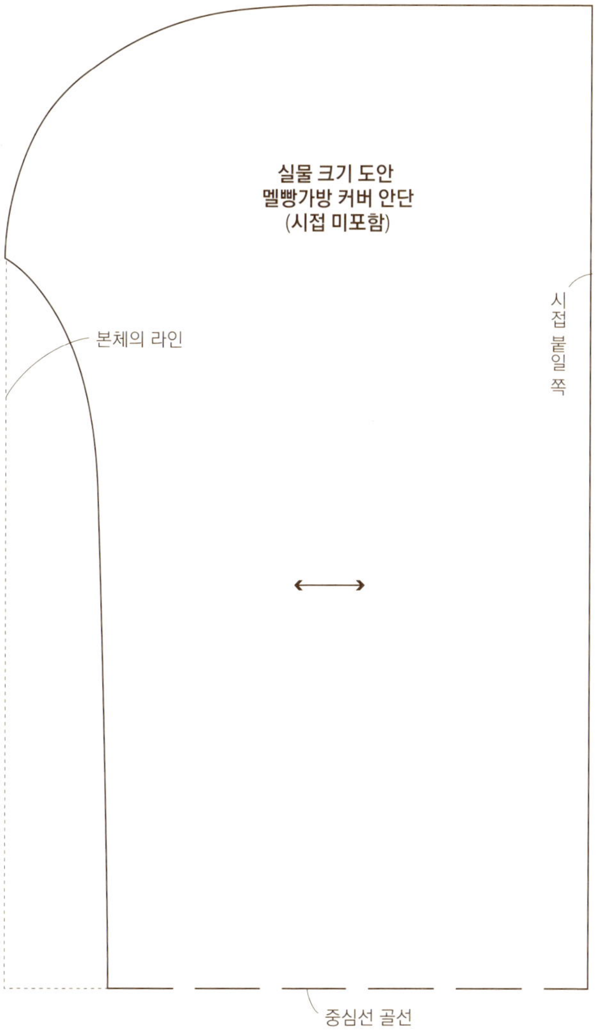

멜빵가방 커버 본체(1장) ※시접은 지정 이외 재단

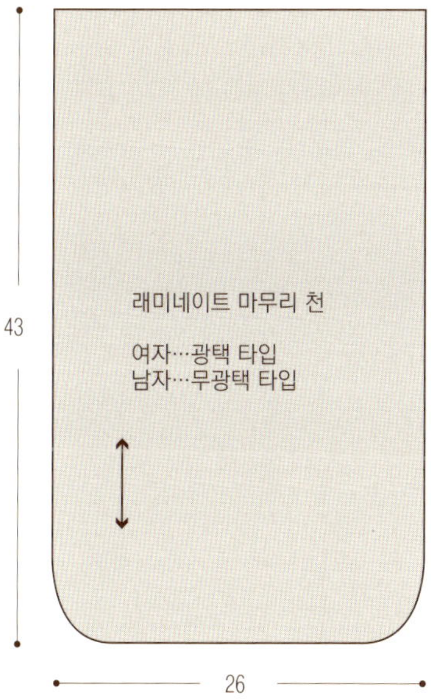

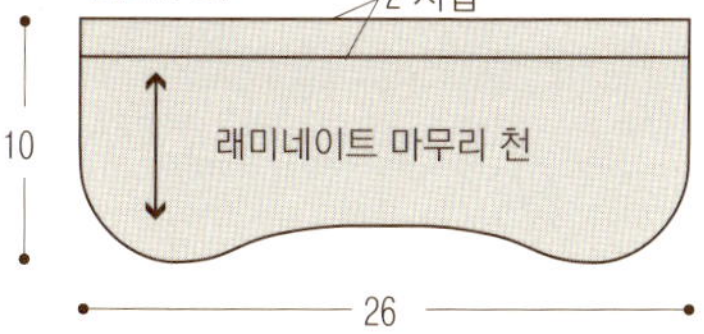

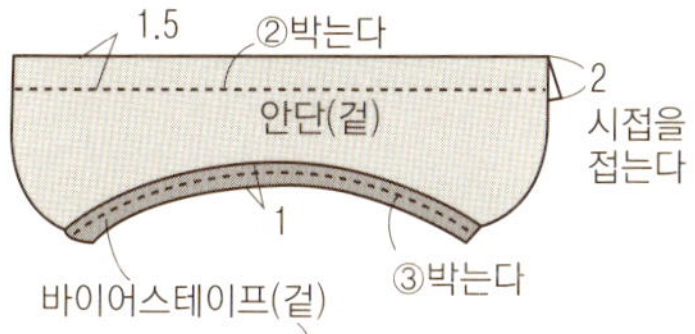

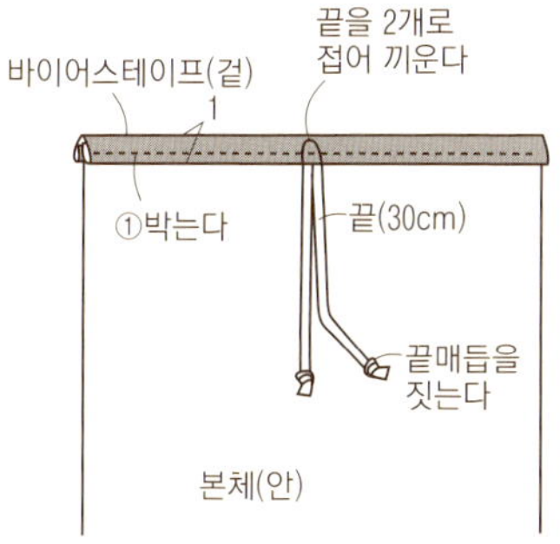

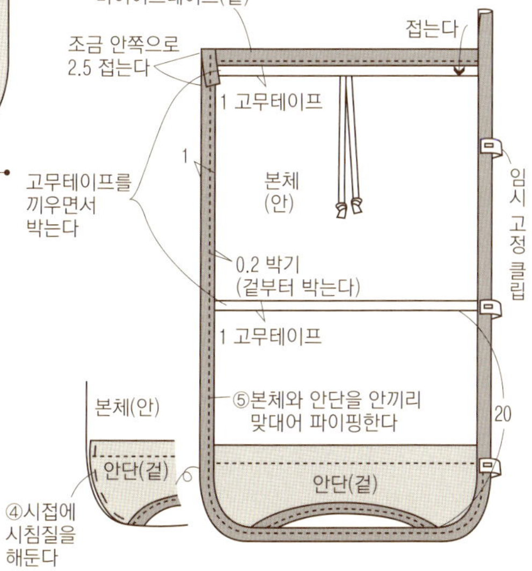

★바이어스테이프 붙이는 법
(양 끝이 접힌 기성품 사용)

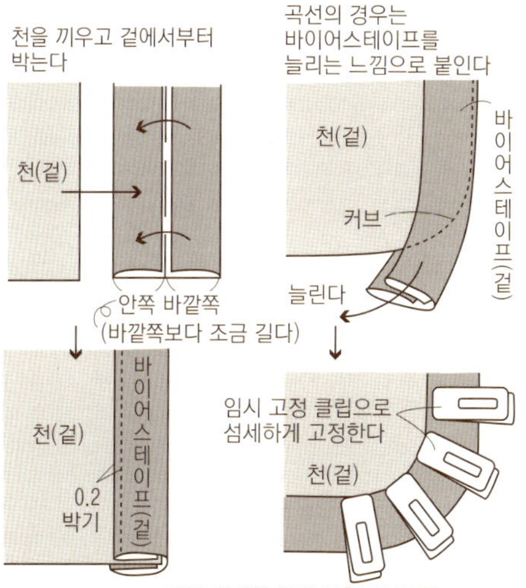

※클립 대신에 양면 접착테이프를
사용해도 된다(다리미질은 안쪽에서부터)

P.78

앞치마, 삼각두건, 팔토시

★앞치마 실물 크기 도안…부록 A면

재료 앞치마

작품 70 : 본체…프린트 110×55cm, 파란색 스트라이프 15×20cm, 지름 1.8cm 단추 1개, 접착심…35×10cm
작품 71 : 본체…분홍색 프린트 110×55cm, 지름 2cm 싸개단추 1개, 접착심…35×10cm, 레이스…폭 1.8cm×30cm, 리넨테이프…폭 1cm×4cm
작품 76 : 본체…감색 프린트 110×55cm, 지름 2cm 싸개단추 1개, 접착심…35×10cm, 리넨테이프…폭 1cm×4cm

만드는 법

1. 주머니를 만들어 본체에 달아준다.
2. 어깨끈을 만들어 안단에 끼워 박은 후 겉으로 뒤집어 안단 주위를 박아 눌러준다.
3. 남아 있는 주변을 3겹으로 접어 박는다.
4. 단춧구멍을 만든다.
5. 허리끈을 붙인다.
6. 단추를 달아준다.

재료 삼각두건

본체…프린트 40×50m, 고무테이프…폭 1.2cm×10cm, 작품 72의 장식 : 레이스…폭 1.8cm×50cm

만드는 법

벨트를 만들어 고무를 넣고 주위를 3겹으로 접어 박은 본체에 달아준다.

재료 팔토시

본체…프린트 50×40m, 고무테이프…폭 0.5cm×80cm, 작품 73의 장식 : 레이스…폭 1.8cm×75cm

만드는 법

본체를 둥글게 박고 위아래를 안쪽으로 접은 다음 박아서 고무를 넣는다. 2장을 만든다.

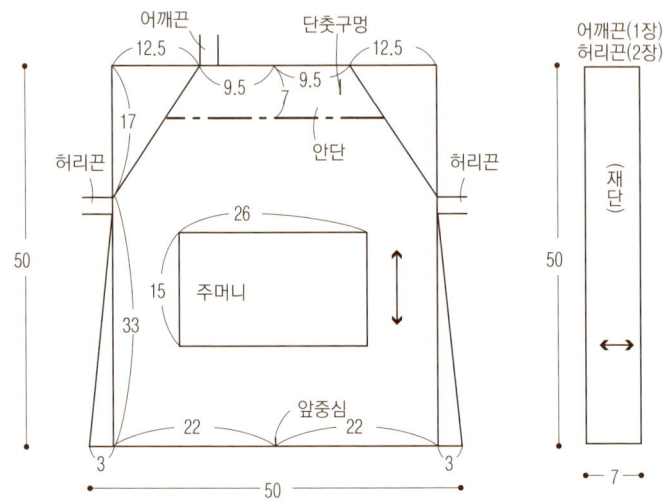

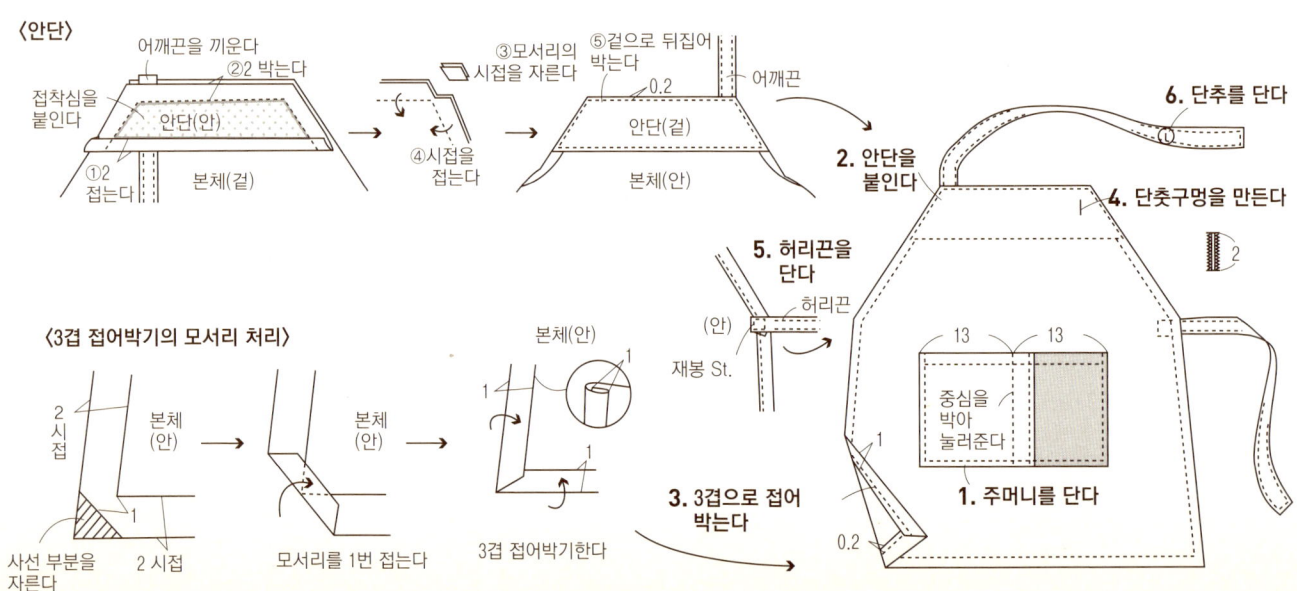

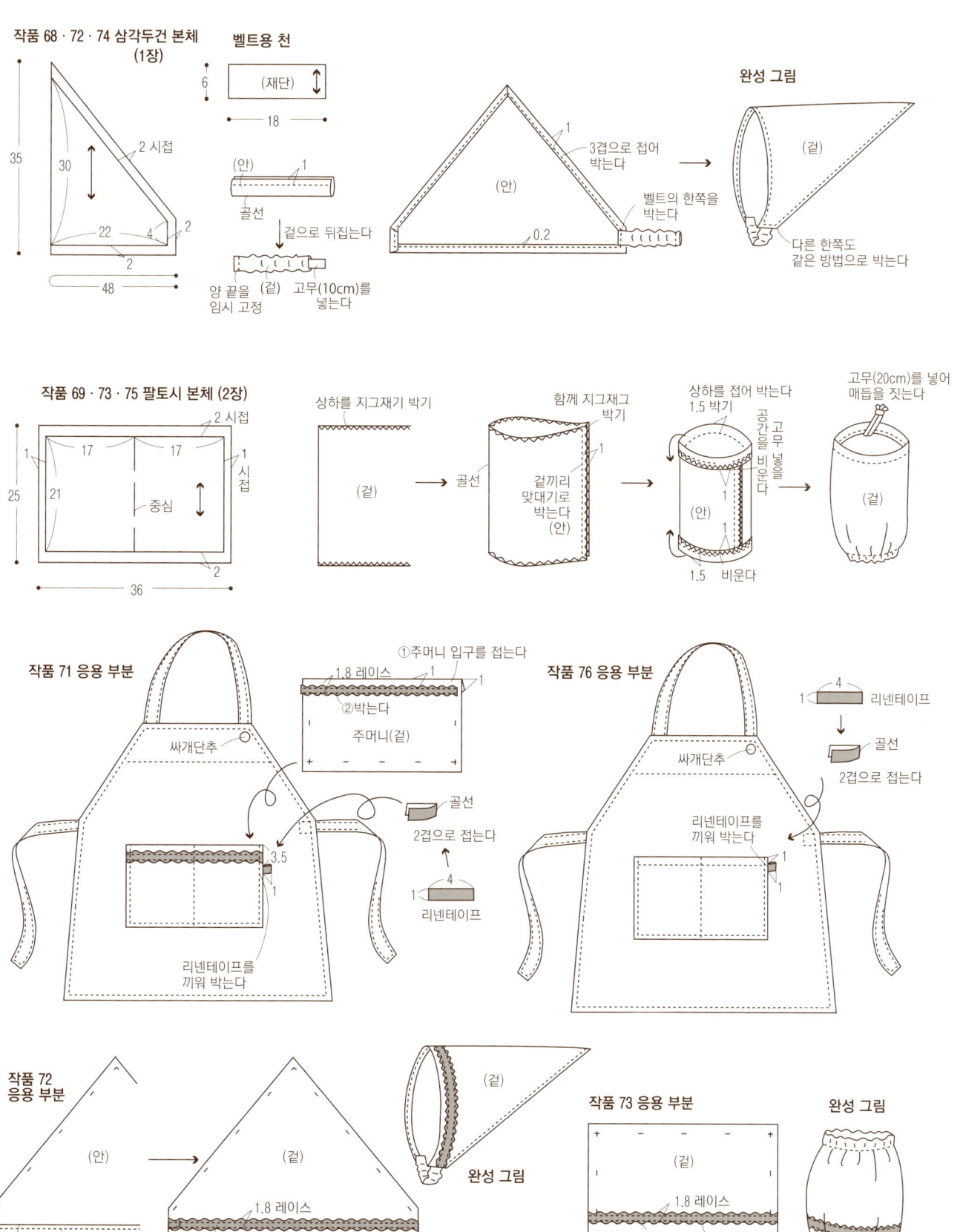

P.82 79 81

비치백

재료

본체…(여자) 나일론 흰색 물방울 115×40cm, (남자) 나일론 하늘색 카엘 프린트…115×45cm

손잡이…폭 2.5cm 웨이빙 끈 210cm

만드는 법

1. 주머니 입구를 3겹으로 접어 박고 주머니 바닥 시접을 접는다.
2. 본체의 입구를 3겹으로 접어 박는다.
3. 본체에 주머니를 겹쳐 주머니 바닥을 박는다.
4. 주머니의 양 끝에 손잡이를 겹쳐 본체에 달아준다.
5. 본체 2장을 겉끼리 맞대어 옆과 밑을 박는다.
6. 바닥을 박는다.
7. 옆 시접을 가르고 상단을 박는다.

작품 79 비치백 본체 (2장)※( ) 안의 숫자는 작품 81

주머니 (1장)

1. 주머니 달기 밑작업

2. 본체 입구를 3겹 접어박기

3.4. 주머니와 손잡이를 붙인다

5. 본체 2장을 겉끼리 맞대어 옆과 밑을 박는다

6. 바닥을 박는다

7. 시접을 가르고 눌러 박기

완성 그림

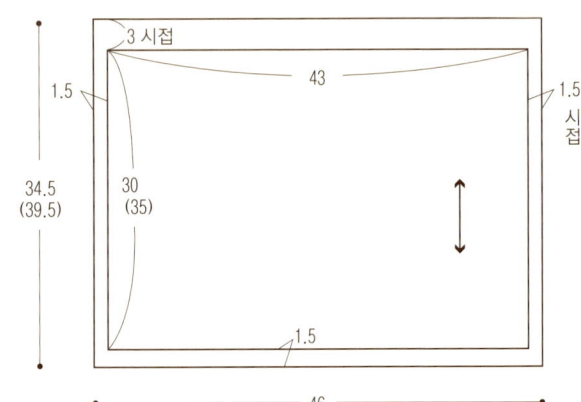

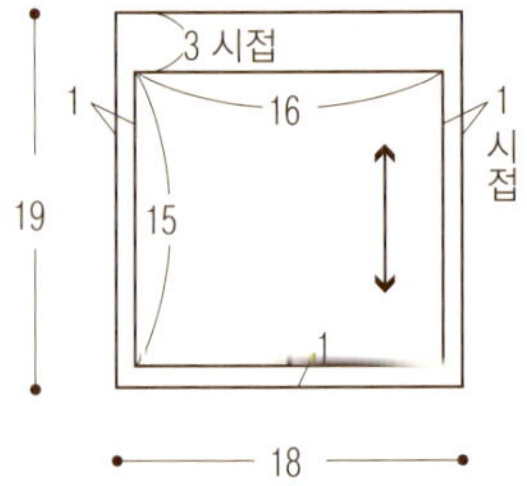

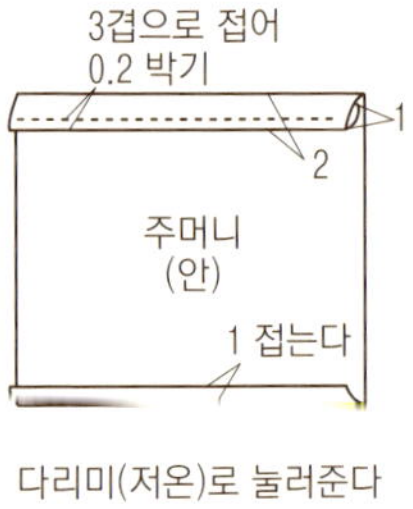

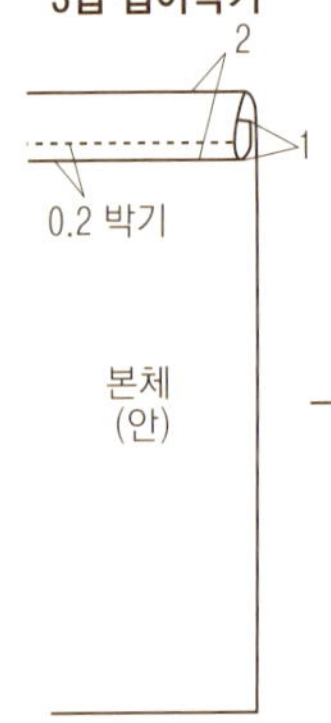

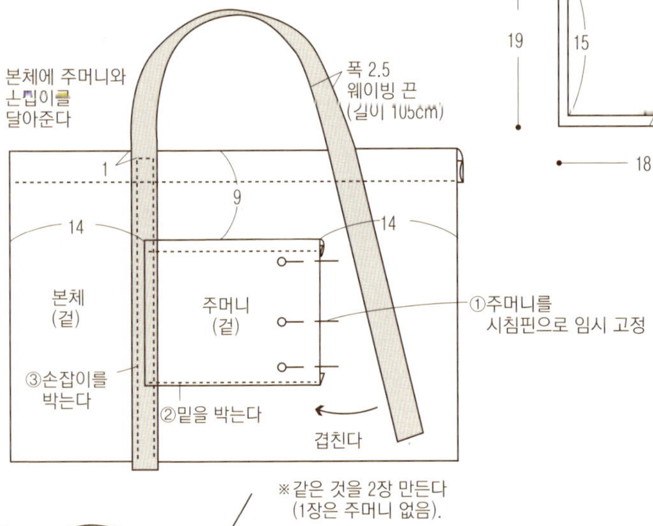

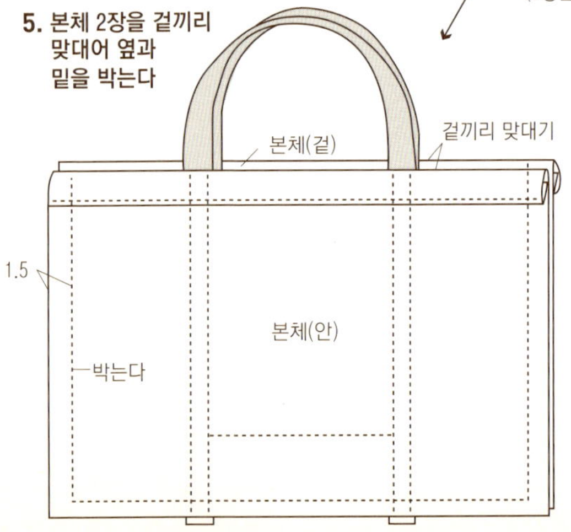

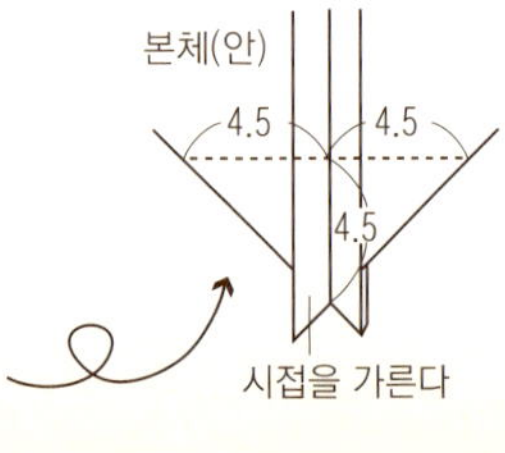

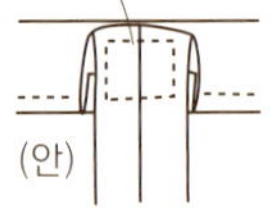

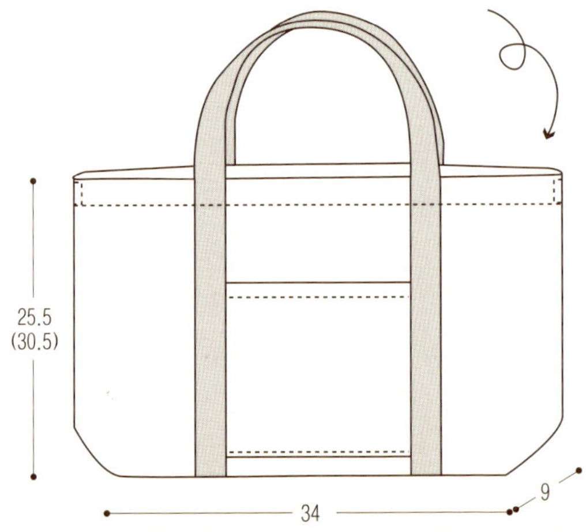

P.82

비치용 랩타월

재료

- 시판용 목욕 타월 1장을 사용
- 덧단, 고무 넣을 천, 고리…꽃무늬 거즈천 130×20cm
- 고무테이프…폭 1cm×110cm
- 지름 1.5cm 스냅단추 4개
- 지름 2cm 싸개단추 1개

만드는 법

1. 덧단용 천을 안끼리 맞대어 2겹 접어 목욕 타월의 한쪽 편 끝을 박는다.
2. 고무 넣을 천을 안끼리 맞대 2겹으로 접어 1의 상단에 박는다.
3. 고무를 넣고 끝을 고정한다.
4. 고리를 만들어 고무줄용 천 끝에 끼워 박는다.
5. 스냅단추와 싸개단추를 달아준다.

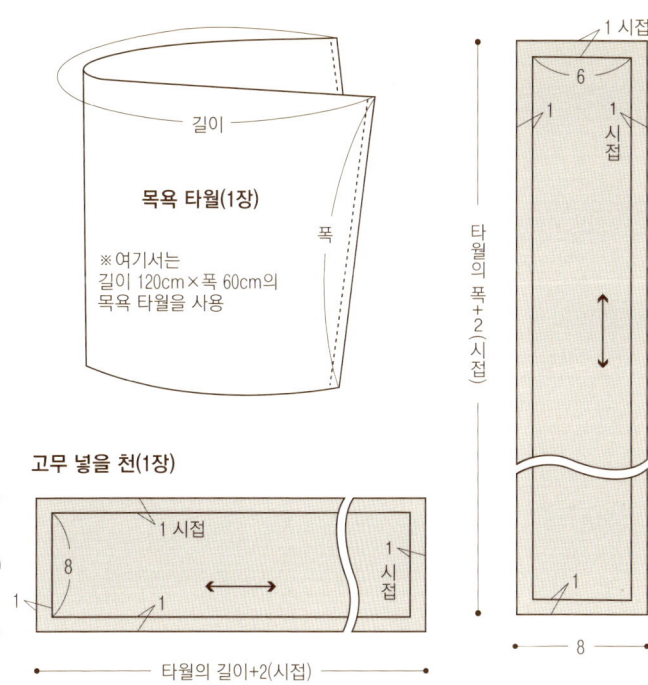

1. 덧단을 박는다

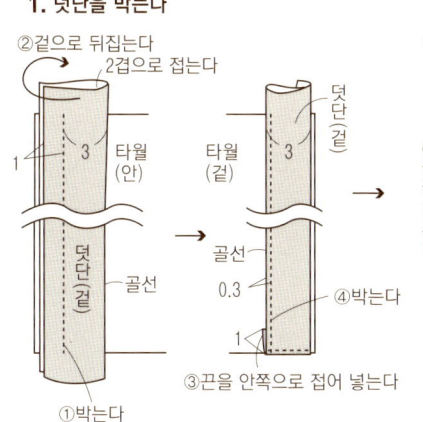

2. 고무 넣을 천을 박는다

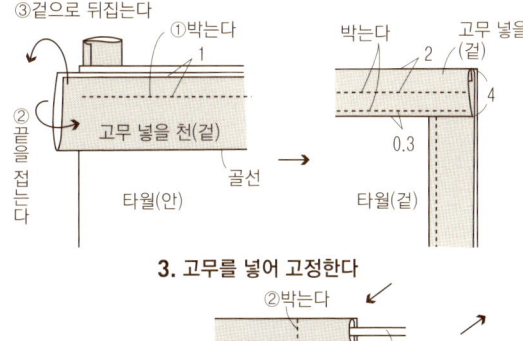

4. 고리를 만들어 달아준다

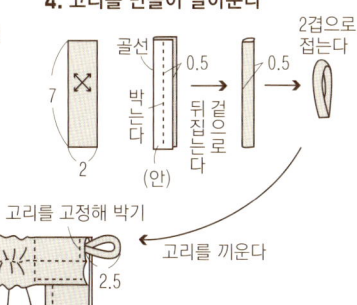

3. 고무를 넣어 고정한다

5. 스냅단추와 싸개단추를 달아준다

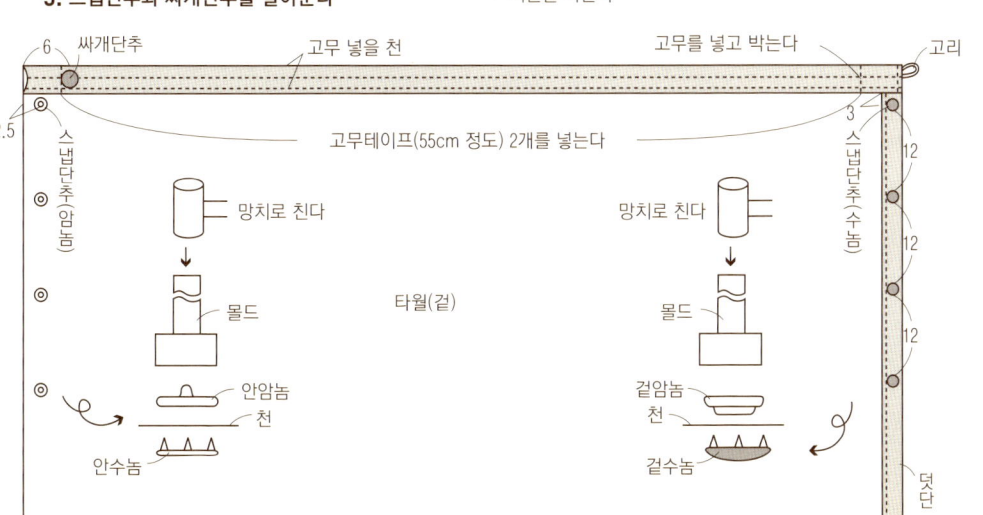

완성 그림

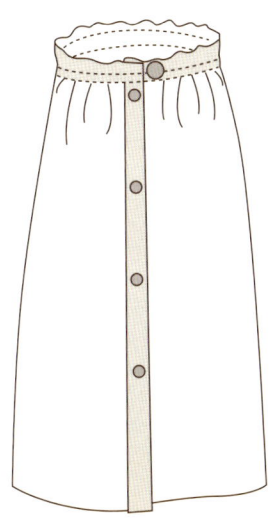

P.83

에코백, 고양이 수납 케이스

★작품 83의 실물 크기 도안…부록 A면

재료 에코백

본체…프린트 80×40cm
손잡이…폭 2cm 웨이빙 끈 160cm

만드는 법

1. 본체 주위를 지그재그 박기로 처리한다.
2. 손잡이를 임시 고정한다.
3. 2장을 겉끼리 맞대어 옆과 바닥을 박는다.
4. 입구를 안쪽으로 접어 박는다.

재료 고양이 수납 케이스

본체(벨트 포함)…펠트(무가공) 20×40cm
아플리케용 천…펠트 각 색깔별 적당량
벨크로테이프…폭 2.5cm×2cm
레이스…폭 1cm×4cm
지름 0.4cm 눈 단추 2개
홀 체인…1개
25번 자수실 각 색깔별 적당량

만드는 법

1. 펠트에 아플리케와 자수를 하여 앞쪽을 만든다.
2. 벨트 2장을 겹쳐 옆과 아래를 박고 뒤쪽 상단에 겹쳐 박는다.
3. 앞과 뒤를 안끼리 맞대어 위에 레이스를 끼워 주위를 박는다.
4. 홀 체인을 달아준다.

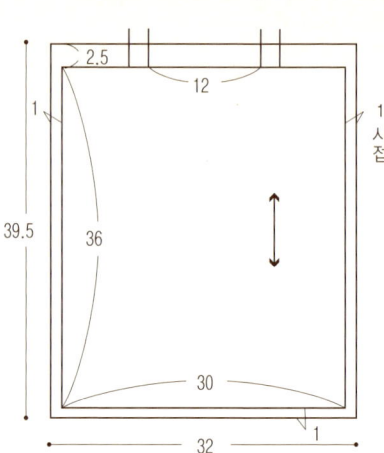

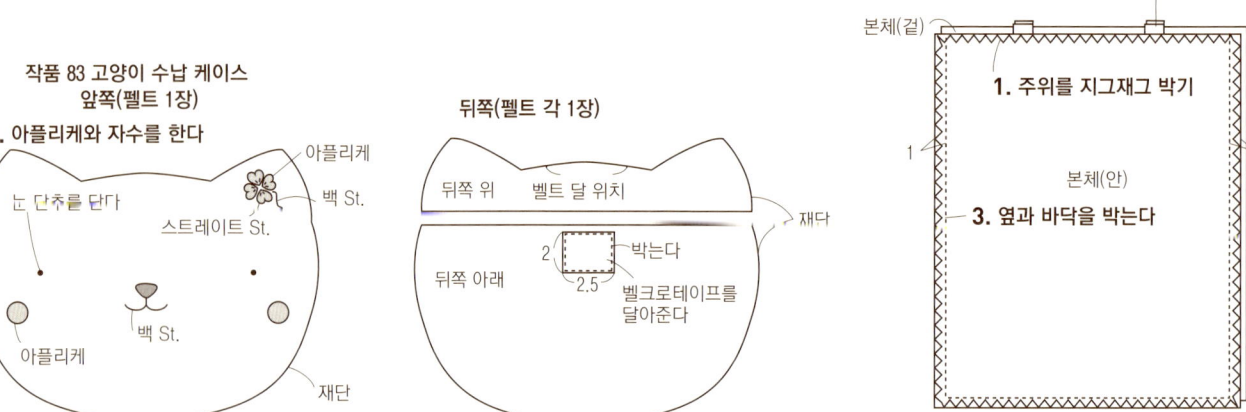

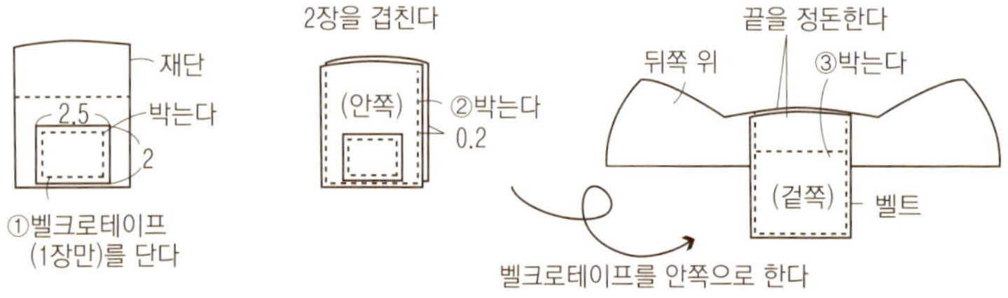

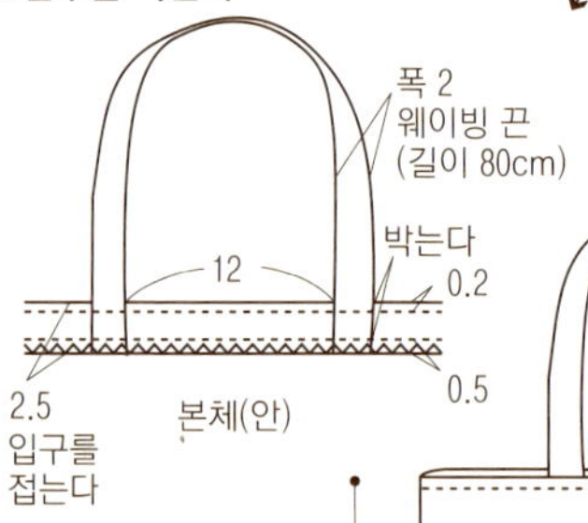

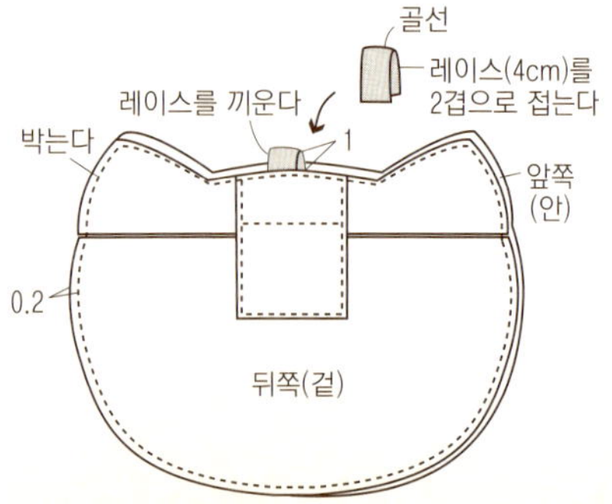

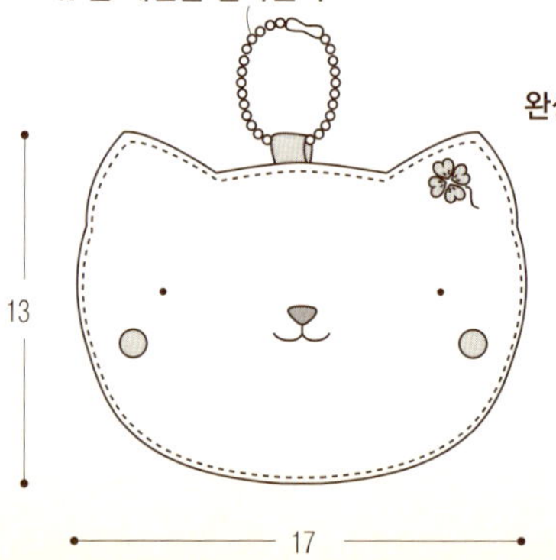

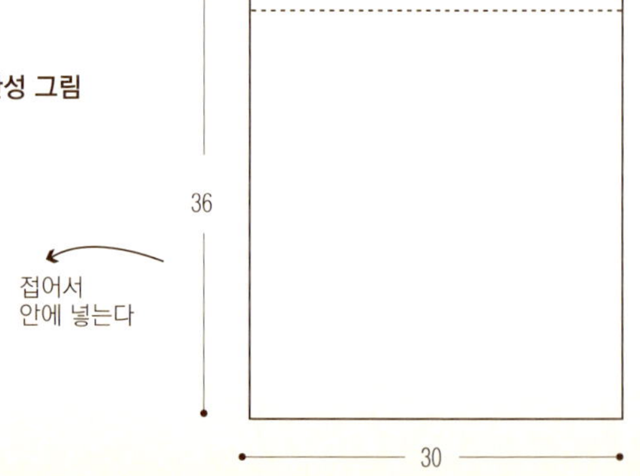

P.83

작은 배낭

★곰 장식의 작은 배낭 실물 크기 도안…부록 A면

재료

본체…래미네이트 원단 노란색 물방울 90×45cm
손잡이…폭 2.5cm 웨이빙 끈 64cm
둥근 끈…두께 0.7cm×170cm
곰 장식…펠트 연갈색 20×10cm
지름 0.4cm 눈 단추 1개
지름 0.5cm 나무 구슬 1개
스토퍼…1개
25번 자수실 적당량

만드는 법

1. 펠트 1장에 눈 단추를 달고 2장을 겹쳐 감침질하고, 나무 구슬을 달아 곰 장식을 만든다.
2. 고리를 만들어 2겹으로 접는다.
3. 본체를 겉끼리 맞대어 2겹 접어 곰 장식과 고리를 끼워 양옆을 박는다. 한쪽은 트임 끝까지 박는다.
4. 트임 구멍을 박는다.
5. 입구를 안쪽으로 접어 박고 끈 넣을 구멍을 만든다.
6. 손잡이를 달아준다.
7. 본체에 끈을 넣고 스토퍼를 달아 1개를 고리에 넣어 매듭을 짓는다.

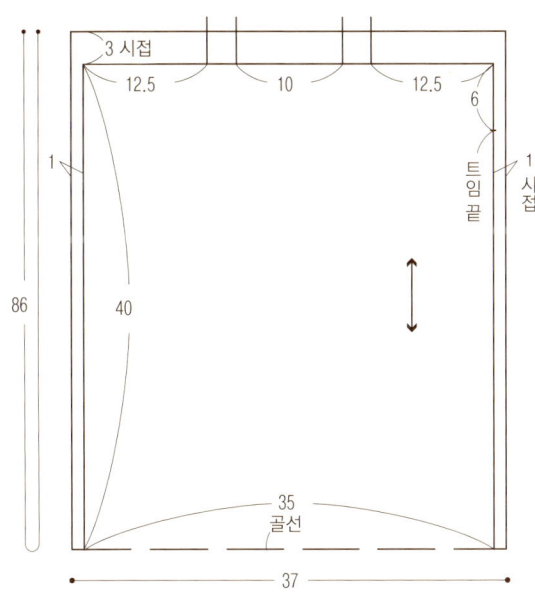

작은 배낭 본체(1장)

3. 본체를 겉끼리 맞대어 2겹 접어박기하여 옆을 박는다

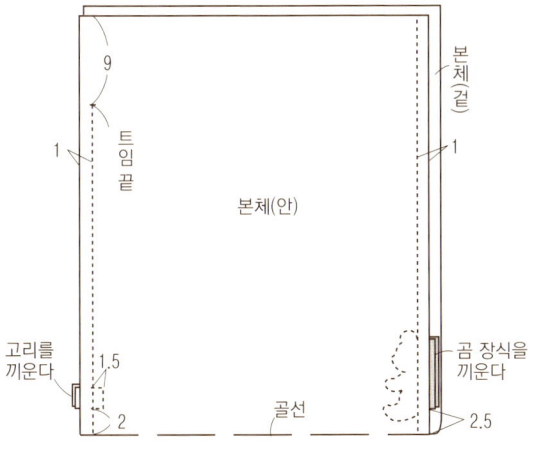

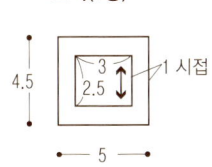

고리(1장)

2. 고리를 만든다

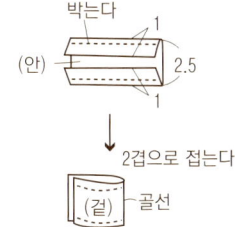

곰 장식 (펠트 2장)

1. 곰 장식을 만든다

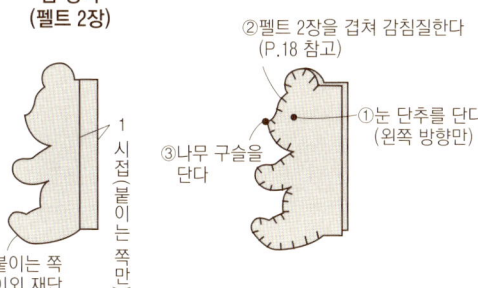

4. 트임 구멍을 박는다

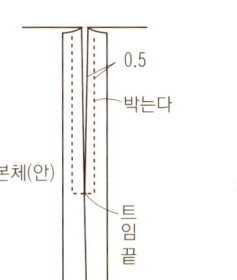

5. 끈 넣을 구멍을 만든다

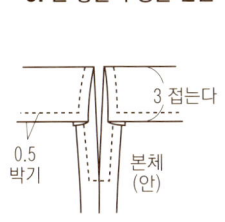

6. 손잡이를 달아준다

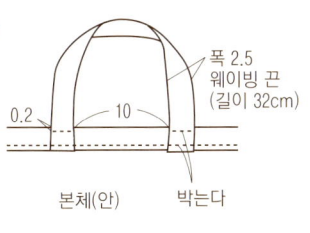

7. 끈을 넣는다

완성 그림

감수의 글

아이가 어린이집이나 유치원, 초등학교에 입학하게 되면
엄마는 어느새 훌쩍 커버린 아이가 대견하기도 하고,
새로운 생활에 마음이 설레기도 합니다.
무엇보다 급한 일은, 단체생활에 필요한 준비물을 챙기는 일이지요.

대형 마트에서 구입해서 준비해줄 수도 있고
아이가 원하는 캐릭터가 가득 프린트된 고가의 수입품을 준비해줄 수도 있습니다.

이런저런 궁리를 해보지만, 엄마들이 가장 바라는 것은 한결같습니다.
'우리 아이에게 세상에서 하나뿐인 물건을 만들어주고 싶다'는 것이죠.
그렇지만 '뚝 떨어지는' 패턴과 초보자도 가능한 '쉬운 바느질법'을 찾기란 생각보다 쉽지 않습니다.
결국 생각만 하다가 포기하고 대형 마트로 발길을 돌리곤 합니다.

이 책은 그런 초보 학부모를 위한 맞춤책입니다.
유치원이든 학교든 어디서나 꼭 필요한 용품을
초보자라도 손쉽게 만들 수 있도록 바느질법을 자세하게 설명해주는 친절한 책입니다.
또 한 가지 패턴과 바느질법에 대한 다양한 응용 기법까지 곁들여 설명하고 있어
성별과 나이에 따라 여러 가지 변형이 가능한 실용적인 책이기도 합니다.

학용품뿐만 아니라 다양한 가방을 만드는 기법과 바느질 팁이 들어 있어
바느질을 즐기는 이들에게 두고두고 유용한 지식이 될 것입니다.

아이들은 엄마가 정성 들여 만들어준 물건을 본능적으로 사랑합니다.
설령 초보의 삐뚤빼뚤한 바느질 솜씨로 만든 용품이라도
아이들은 그 어떤 값비싼 기성품보다 훨씬 더 자랑스럽게 여기며 아껴줍니다.
그러니 바느질을 처음 하는 초보 엄마일지라도
자신감을 가지고 한 땀 한 땀 정성으로 내 아이를 위해 소중한 용품을 만들어주세요.

이 책이 그런 분들에게 알찬 도움이 될 것이라고 생각합니다.

문수연